PETAOUCHNOK

RAPHAËL DE CASABIANCA ET ANTOINE DELAPLACE

LE GUIDE PETAOUCHNOK PAS COMME LES AUTRES

CORSE

Un peu, brocciu, à la folie

hachette

UN PEU, BROCCIU, À LA FOLIE

Vous voilà à 2 doigts (voire à 2 pétales de marguerite !) **de tomber éperdument amoureux de la Corse** ! Et c'est peut-être ce qui pouvait vous arriver de mieux tellement l'île de Beauté a toutes les qualités pour vous faire vivre une folle aventure !

Elle est fidèle, et vous pourrez toujours compter sur ses 300 jours de soleil par an, sa douceur de vivre garantie en toutes saisons et son sens de l'accueil unique qui fait tout son charme !

Elle déteste la routine ! À vous les propositions de rando quotidiennes, les sorties kayak au large de la plage de Tivella, les plongeons dans les piscines naturelles de Purcaraccia, les virées en Trinichellu et les 1 000 options de plages et de criques : impossible de vous ennuyer !

C'est aussi une bonne vivante, et elle saura vous le prouver à travers ses délicieuses charcuteries locales, son miel de la vallée de l'Asco, son brocciu, évidemment, et son vin de Patrimonio à déguster pendant les Nuits de la Guitare... à Patrimonio justement !

Et elle est incroyablement romantique avec ses couchers de soleil sur la Méditerranée, ses nuits douces et parfumées dans des bergeries transformées en havre de paix et ses concerts de chants polyphoniques qui donnent des frissons à tous les coups !

Votre histoire d'amour avec la Corse ne fait que commencer ! Ouvrez votre guide Petaouchnok et laissez la magie opérer !

PETAOUCHNOK
ANTOINE ET RAPHAËL
@petaouchnok

SOMMAIRE

voir page

Bienvenue au club ... 06

Les guides Petaouchnok, mode d'emploi ... 08

SPOTS ET ITINÉRAIRES

Nos spots préférés ... 12

Road trip de Bastia à Bonifacio ... 24

La grande traversée à vélo ... 26

La Corse d'ouest en est ... 28

Mare a Mare® Sud ... 30

Mare a Mare® ou Mare è Monti® ... 32

Bonifacio, voir page 194

LA CORSE EN 7 RÉGIONS

Bastia et le Nord, Cernés par la mer ... 36

La Balagne, Ça vous gagne ... 64

Le golfe de Porto, La Corse en rouge et bleu ... 86

Corte et le Centre, Au frais loin des foules ... 104

La région d'Ajaccio, Horizons XXL ... 134

Le Sartenais et l'Alta Rocca, L'art de prendre de la hauteur ... 156

Bonifacio et le Sud, À la pointe de l'île ... 186

La plage de l'Ostriconi, voir page 69

Citadelle de Corte, voir p. 104

CARNET SUPER PRATIQUE

Trajet, logement, vie quotidienne 208
Quand partir ? 212
Voyagez plus responsable 214
Ça part en cook 218
Qui sommes-nous ? 220
Index 230

LE GUIDE PETAOUCHNOK

PAS COMME LES AUTRES

Depuis la création de Petaouchnok en 2020, on s'est fixé comme mission de **redonner du sens à la découverte**, en inspirant des voyages responsables et inattendus, avec un brin d'humour et un optimisme à toute épreuve.

Tout a commencé sur Instagram, où l'on partage tous les jours des photos du monde entier, des idées de voyage originales et autres actualités inspirantes. Et après la sortie de nos 2 livres *Destination Petaouchnok* et *Voyages Extraordinaires en Europe*, **on a eu envie d'aller plus loin.**

Quoi de mieux que de lancer une nouvelle collection de guides pour **inspirer et accompagner de nouveaux voyages** ? D'autant qu'à l'heure d'Internet, des réseaux sociaux et autres TripAdvisor, un guide n'a plus du tout le même rôle à jouer qu'il y a 10 ou 20 ans.

On a donc réfléchi, interrogé un maximum de personnes autour de nous, et cela a abouti au guide que vous tenez entre les mains, **un guide pratique « pas comme les autres »** qui vous promet un voyage... pas comme les autres :)

COMMENT LIRE UN GUIDE PETAOUCHNOK ?

1. Une carte pour se repérer en un coup d'œil

On a découpé ce guide en 7 régions, avec une carte au début pour vous repérer et découvrir en un coup d'œil les immanquables.

2. Les incontournables de la région

Chaque région commence par un **best of**, une liste d'expériences et de lieux immanquables.

3. Des expériences et encore des expériences

On vous propose d'explorer chaque région à travers **un maximum d'expériences** : pages thématiques, itinéraires de 24h pour découvrir une ville, idées de rando, conseils pratiques et plein d'idées de visites.

Et les QR Codes dans tout ça ?

Pour chaque région, vous pouvez flasher un QR Code et accéder à toutes nos adresses directement sur votre portable. Pratique :-)

D'autant plus pratique que cela vous épargne de devoir taper de longs URL...

Bref, n'ayez pas peur de flasher !

4. Un carnet pratique avec nos bonnes adresses

À la fin de chaque région, retrouvez notre **sélection d'hôtels, de restaurants, de bars et de boutiques**, ainsi que la réponse à – presque – toutes les **questions pratiques** que vous vous posez.

BIENVENUE AU *Club*

Grâce à ce guide, vous bénéficiez de nos 10 meilleurs conseils pour voyager de manière responsable avec le moins d'impact possible. Partant ?

1 Se déplacer en train

70 à 80 % des émissions polluantes générées par un voyage sont liées à nos déplacements (notamment pour se rendre à destination) : autant privilégier le moyen de transport le moins émetteur de CO_2/km/passager, à savoir… le train !

Et si ce n'est pas possible, on respecte doublement les règles 2 et 9 !

2 PARTIR PLUS LONGTEMPS

Souvent plus facile à dire qu'à faire, mais **il vaut mieux partir une fois 20 jours que 4 fois 5 jours**, en raison de l'impact des trajets A/R (voir point 1). Et puis, surtout, cela permet d'explorer des coins reculés et de prendre le temps de s'immerger dans le pays, et c'est l'une des clés d'un voyage réussi.

3 PARTIR HORS SAISON

Sortir des sentiers battus, c'est bien, partir hors saison, c'est encore mieux ! Ça veut dire moins de monde, moins cher, et en plus, cela permet de mieux répartir le flux de voyageurs, et de faire mieux respirer les écosystèmes. Le combo parfait !

4 PRIVILÉGIER L'ITINÉRANCE

Les voyages itinérants, à pied, à vélo ou en kayak, y a pas mieux ! Ça permet d'équilibrer le flux de voyageurs (voir point 3), ça sous-entend des voyages plus longs et plus immersifs (voir point 2), et ça ramène à l'idée de prendre le train (voir point 1). Il est vraiment bien, ce point 4 ! ;)

5 Choisir des hébergements responsables

Il y a de plus en plus d'acteurs engagés dans une démarche responsable et locale, et la bonne nouvelle, c'est que c'est de plus en plus simple de les trouver : les adresses de ce guide sont déjà une bonne source, tout comme les plateformes dédiées : wegogreenr.com, greengo.voyage ou encore ethik-and-trips.com.

6 SOUTENIR L'ÉCONOMIE LOCALE

Goûter les spécialités locales, privilégier le bio et le circuit court, soutenir les artisans du coin, les produits authentiques : l'idée est de continuer à faire en voyage ce que l'on fait déjà à la maison. Ça marche aussi avec la politesse, le recyclage, l'utilisation d'une gourde… et même la douche !

7 Respecter la faune et la flore

On adore les poneys, les pingouins, les fleurs, les arbres, les castors et les ânes aussi. Donc on en prend soin et on les laisse tranquilles. Et tant qu'à faire, on s'abstient d'allumer un feu ou un barbecue dans des zones sèches, pour éviter les incendies de forêts… Et la règle **« Leave No Trace »** s'applique toujours : on ne laisse rien derrière soi après son passage (déchets, restes de nourriture…).

8 DONNER DE SON TEMPS

Pas toujours simple à prévoir lors d'un voyage, mais s'investir dans une initiative locale quelques heures ou quelques jours, c'est le mix gagnant rencontres + impact. Pour ça, le wwoofing marche très bien, ou encore les opérations de nettoyage de plage ou de rivière organisées régulièrement par des associations.

9 PARTIR MOINS SOUVENT

Rassurez-vous : l'idée n'est pas d'arrêter de voyager, mais de réduire les déplacements qui ont le plus d'impact négatif sur l'environnement. Mollo donc sur les week-ends en avion et les pays lointains, et vive les destinations proches… comme la Corse !

10 ÊTRE UN EXEMPLE

Plus on sera nombreux à changer notre manière de voyager, à montrer l'exemple, **plus on entraînera de monde avec nous**, et plus on aura d'impact… sur les comportements !

☐ **CAP ?** ☐ **PAS CAP ?**

Date et signature :
(précédées de la mention « lu et approuvé »).

SPOTS ET ITINÉRAIRES

NOS SPOTS PRÉFÉRÉS

CANYON DE PURCARACCIA

Voilà un décor dont les Corses ont le secret ! Une succession de piscines naturelles à l'eau transparente, des chutes d'eau et des toboggans pour le côté vivifiant, le tout dans un sublime décor de montagnes. Avec un petit fromage de brebis et un morceau de coppa, on est tout près du paradis !

Pour en profiter au mieux, deux principales options s'offrent à vous : rando, avec 2h30 de marche A/R et quelques rochers sur lesquels grimper, ou l'option canyoning pour sauter, glisser et se sentir au plus proche des eaux vertes... qui avoisinent les 15 °C !

Fraîcheur garantie !

VOUS ADOREREZ SI...

Vous n'avez pas le vertige

Mieux vaut ne pas avoir froid aux yeux pour s'attaquer aux hauts toboggans et à certaines portions, assez physiques.

Vous êtes accompagné d'un guide

Du 1er juillet au 15 septembre, c'est obligatoire. Et c'est une très bonne chose pour vivre l'expérience sans craindre de se casser une jambe (ou pire). (voir p. 180)

POZZINES DU LAC DE NINO

Ce que vous voyez ici, c'est un exemple parfait de pozzines, des pelouses spongieuses et verdoyantes made in Corsica, que l'on retrouve fréquemment dans les montagnes de l'île, et qui font le bonheur des chevaux et des cochons sauvages !

Les pozzines ci-contre sont celles du lac de Nino (voir p. 133), sans doute les plus connues, situées à 1 743 m d'altitude au cœur du massif du Rotondo, dans le parc naturel de Corse. Vous pouvez y accéder via une rando de 6h AR qui emprunte un bout du fameux GR®20 ! Dépaysement et pieds mouillés garantis !

QU'EST-CE QU'ON Y FAIT ?

D'abord on se repose

Pour venir jusque-là, c'est pas rien. On enlève les chaussures de marche, et on s'étale les doigts de pied en éventail en regardant brouter les vaches.

On cherche le *Menyanthes trifoliata*

Kézaco ? Le trèfle d'eau qu'on ne trouve qu'ici en Corse. Au printemps, il porte de jolies fleurs rosées. N'en cherchez pas à quatre feuilles, y en a pas.

VILLAGE DE SOVERIA

Ce petit village tient son charme particulier de son joli clocher et ses maisons traditionnelles, mais surtout des montagnes que l'on aperçoit en toile de fond. Il est d'ailleurs tout aussi surprenant l'hiver, lorsque la neige vient recouvrir tout ce joli monde !

La gare de Soveria se trouve sur le trajet du Trinichellu, la ligne de train qui relie Bastia à Ajaccio. Mais le train ne s'y arrête que si vous demandez l'arrêt au conducteur : pensez-y !

VOUS ALLEZ ADORER SI...

Le nougat vous fait craquer

La Confiserie Saint-Sylvestre est connue dans toute l'île pour ses nougats : classiques, aux amandes, aux châtaignes, à la clémentine... La maison fait aussi des chocolats à tomber.

Vous aimez le calme

Le village ne compte que 117 habitants au dernier recensement de 2019. Il y en aurait 118 en 2023.

CALANQUES DE PIANA

En Corse, il y a des merveilles à tous les coins de rue ! Ici, ce sont d'impressionnantes roches volcaniques qui viennent se jeter dans la Méditerranée, dans une combinaison magique de rose, de vert et de turquoise. On adore !

La manière la plus spectaculaire de découvrir les calanques, c'est clairement le paddle ou le canoë ! Au pied d'immenses falaises de 300 m de haut, accédez à des grottes cachées et des criques sublimes, avec en bonus la baignade dans une eau transparente !! (voir p. 92)

Fenêtre sur la grande bleue

POUR JOUER LES PROLONGATIONS

Peaufiner son hâle

Cachée au cœur des calanques de Piana, la plage de Ficaghjola est une pépite. Masque et tuba OBLIGATOIRES pour observer les poissons, qui eux aussi adooorent l'endroit.

Siroter un cocktail

Sur la terrasse des Roches rouges. Un prétexte pour contempler, ému et admiratif, le soleil se coucher derrière les calanques de Piana. (voir p. 92)

CITADELLE DE BASTIA

Bâtie sur un promontoire rocheux surplombant le Vieux-Port, la citadelle de Bastia a un charme unique en Corse ! Ruelles pavées, façades colorées, anciens palais majestueux ou encore clochers ensoleillés : on est bien au bord de la Méditerranée ! (voir p. 44)

NAVIGUEZ ENTRE ...

le bonheur des sens

Au pied de la citadelle, le jardin Romieu, délicieusement parfumé par sa flore très colorée, donne envie de faire une pause pour lire un bon roman à l'ombre, avec vue exceptionnelle sur le Vieux-Port.

et la méditation

À l'église Saint-Jean-Baptiste, joyau baroque.

ÉGLISE SAINT-MICHEL DE MURATO

Cette église du 12e siècle est aussi belle que petite ! Perchée à 475 m d'altitude, elle domine le golfe de Saint-Florent et se distingue par son architecture originale, héritage de l'ancienne occupation de Pise.

Ce qui explique ses pierres colorées, la disposition des briques en damier blanc et vert, la présence de colonnes et un clocher inédit. Pas sûr que ce soit des anges – comme le raconte la légende – qui aient construit tout ça en une nuit...

VOUS AUREZ À L'ESPRIT...

Les mots de Mérimée,

qui disait en 1839 de Saint-Michel qu'elle était « la plus élégante et la plus jolie église qu'il ait vue en Corse ». Pas étonnant qu'elle soit classée monument historique (voir p. 51).

De prendre votre temps

Car tout, ici, est d'une beauté exquise. Prenez votre temps pour savourer chaque petit détail, cela change tout !

PLAGE DE L'OSTRICONI

Cette plage ne ressemble à aucune autre en Corse ! 800 m de sable fin, des petites dunes, l'odeur du maquis, les montagnes juste derrière et parfois même quelques vaches qui viennent se poser. Voilà un spot qui plaira aux amoureux de la nature… et aux fans de couchers de soleil : il est absolument dingue ici !

Et pour prolonger l'ambiance sea, sauvage & sunset, vous pouvez partir d'ici pour 3 jours en rando en suivant le chemin côtier qui longe toute la côte du désert des Agriates jusqu'à Saint-Florent.
Les magnifiques plages du Lodu et de Saleccia n'attendent que vous ! (voir p. 56)

Saleccia

QU'EST-CE QU'ON Y FAIT ?

Rien, et c'est justement ça l'idée

On bronze sur le sable, on se baigne, on bulle en attendant le coucher du soleil.

On se fait raconter une jolie histoire

Celle du serpent qui terrorisait la région, de la vendetta qui s'ensuivit pour une obscure raison et qui laissa la région dépeuplée.

PLAGE DE NONZA

Bienvenue sur cette plage unique en son genre, puisqu'elle est constituée de galets et de sable noirs ! C'est une ancienne usine d'amiante voisine qui lui donne cette couleur, mais pas de panique, il n'y a aucun risque !

Profitez bien de votre pause baignade, car 500 marches vous attendent pour remonter au village perché de Nonza ! Mais vous ne regretterez pas votre ascension car là-haut vous trouverez une tour génoise avec une vue de dingue, un château en ruine, une église rosâtre, plusieurs petites chapelles et même un couvent !

VOUS ALLEZ ADORER SI...

Vous aimez le sable noir

Ça tombe bien, c'est la seule plage de cette couleur en Corse.

Vous n'êtes pas fan des tours génoises

Celle de Nonza a été construite par Paoli. Vous sentez la différence ? Et puis celle-là, au moins, on peut grimper au sommet.

ANSE D'ALISO

VOUS ADORERez SI...

Vous avez un drone

C'est vrai : vue d'en haut, la Terre (et cette crique en particulier) est tellement belle.

Vous cherchez le calme

Anti bling-bling, authentique et sauvage, cette anse offre son sable à celles et ceux qui veulent poser leur serviette à l'écart des foules.

La mer Méditerranée au premier plan, un relief majestueux derrière, un dégradé de couleurs magnifiques et une route sinueuse pour en profiter. Aucun doute possible : nous sommes bien sur l'île de Beauté ! Cette crique est d'autant plus exceptionnelle que c'est l'une des rares plages de sable du Cap Corse !

Bon plan Pétaouchnok du jour : si vous tapez « arrêtez-vous pour une belle vue » sur Google Maps, vous tombez direct dessus ! Et pour tomber dessus dans la vraie vie, on vous recommande l'option kayak, pour accéder aux petites criques aux alentours.

Sur la route des vins

ROAD TRIP
DE BASTIA À BONIFACIO

Voilà un itinéraire qui relie Bastia à Bonifacio par quelques-uns des plus beaux coins de l'île... et des meilleurs vignerons. À faire avec un copilote qui ne boit que du jus de clémentine corse.

Pour commencer, un doigt de muscat à Saint-Florent

1 BASTIA > PATRIMONIO

▸ **1 jour** ▸ 20 km

Muriel Giudicelli, notre chouchoute de Patrimonio, concocte des rouges (ça, on vous en parle p. 52) et un muscat d'exception. Des grains gorgés de soleil, une vendange manuelle, tout ça en bio et biodynamie : le cocktail gagnant ! On lui a même trouvé des arômes de loukoum à la rose... À servir bien frais à l'apéro, l'œil sur la Conca d'Oro.

▸ **+ d'infos : Domaine Giudicelli,** Lieu-dit Poretto, 20253 Patrimonio ; fermé le dim ; 06 11 56 36 24.

On passe au rosé

2 PATRIMONIO > CALVI

▸ **1 jour** ▸ 80 km

Chez Étienne Suzzoni, on est bio depuis belle lurette. On ressuscite des cépages oubliés et on marie installations modernes et procédés ancestraux : certaines cuvées sont vieillies en amphores de terre cuite. Et le rosé ? Sans hésiter le Ribe Rosse avec sa petite note de poivre blanc. Parfait pour l'apéro. Et pour découvrir son vignoble sans forcer, Étienne vous propose des balades en calèche. Ensuite, prenez le temps de faire un petit tour à la citadelle de Calvi !

▸ **+ d'infos : Clos Culombu,** Chemin San Petru, 20260 Lumio ; ouvert tlj de mai à sept, fermé dim d'avril à oct ; 04 95 60 70 68 ; closculombu.fr

NOS ITINÉRAIRES

Un rouge avec vue au Clos d'Alzeto

3 CALVI > AJACCIO

▸ **1 jour** ▸ 171 km

Laissez tomber le GPS et suivez la route côtière ; c'est plus long, mais quelle route en surplomb de la mer (coucou les calanques de Piana) ! Avant d'arriver à la capitale du Sud, halte obligatoire chez Alexis Albertini à la tête d'un domaine dans la famille depuis 1800, perché à 500 m d'altitude. Trempez les lèvres dans la cuvée Prestige (vous avez encore de la route), un rouge velouté vieilli en fût de chêne.

▸ **+ d'infos :Clos d'Alzeto,** 20151 Sari-d'Orcino ; fermé dim ; 04 95 52 24 67 ; closdalzeto.com

Le rouge de Sartène, la plus corse des villes corses

4 AJACCIO > SARTÈNE

▸ **1 jour** ▸ 80 km

En arrivant à Sartène, faites d'abord un tour dans le domaine San Micheli, situé au cœur de la vallée de l'Ortolo, un coin isolé au climat très sec. C'est bon pour le vin. Ensuite, cap sur la boutique du domaine, à l'entrée de Sartène, histoire de déguster les vins de cette propriété qui appartient à la même famille depuis le 17e siècle. On a craqué pour le domaine San Micheli rouge et ses arômes de sous-bois.

▸ **+ d'infos : Domaine San Micheli,** avenue Jean-Jaurès, 20100 Sartène ; fermé dim ; 04 95 77 06 38 ; domainesanmicheli.com

Figari, le Clos Canarelli, le blanc superstar

5 SARTÈNE > PLAGE DE ROCCAPINA > FIGARI

▸ **1 jour** ▸ 41 km

Yves Canarelli n'en fait qu'à sa tête. Plutôt que de se conformer au cahier des charges des appellations d'origine, il cultive ses vignes à sa manière, tout à la main, sans pesticides ni engrais chimiques. Sa passion ? Les cépages, 14 au total, dont des variétés corses confidentielles qu'il a contribué à faire revivre. À goûter impérativement, accoudé au bar de son coin dégustation : son Tarra di Sognu, un blanc d'exception. Ah oui, il loue également des villas douillettes sur son domaine.

▸ **+ d'infos : Clos Canarelli,** Tarrabucetta, 20114 Figari ; fermé sam-dim ; 04 95 71 07 55 ; closcanarelli.com

À VÉLO
LA GRANDE TRAVERSÉE

La GT®20, c'est la petite sœur cycliste du GR®20, au programme extraordinaire : tour du Cap Corse, passage par la Balagne et ses villages perchés, plongée dans le golfe de Porto, puis direction le cœur de l'île pour une arrivée à Bonifacio ! Le tout avec hébergements à gogo, spots pour recharger ses batteries de vélo et étapes à ajuster en fonction de votre forme !

Cap Corse... et un peu plus

1 BASTIA > SAINT-FLORENT

▸ **2 jours** ▸ 106 km

Un dernier coup d'œil à la citadelle de Bastia, et vous voilà parti sur les routes du Cap Corse, d'abord plein nord avant de basculer sur la côte ouest et ses petits ports de pêche, ses falaises, ses criques sauvages, ses tours génoises... et ses vignobles vers **Patrimonio**, qui méritent une ou deux haltes bien méritées !

Coucou le GR®20 !

2 SAINT-FLORENT > CALENZANA

▸ **2 jours** ▸ 104 km

Nouvelle étape, nouvelle ambiance ! Vous partez au cœur du **désert des Agriates** et son paysage de maquis, avant de prendre un peu de hauteur direction la Balagne, ses villages perchés et ses vues spectaculaires sur les baies de Calvi et de L'Île-Rousse. La route est belle et vous mène gentiment jusqu'à Calenzana, le point de départ... du GR®20 : vélo ou rando, il faut choisir !

Attention les yeux !

3 CALENZANA > PORTO

▸ **2 jours** ▸ 82 km

Pour beaucoup, cette section est la plus belle : préparez-vous donc à un festival ! Un enchaînement de petites routes de montagne, des vues imprenables sur des plages sauvages, une pause baignade au village de **Galéria**, des falaises abruptes aux couleurs ocre et rouge, et une impression que la montagne plonge dans la mer en arrivant à Porto. Quelles journées !

Bye bye la mer, hello la montagne

4 PORTO > CORTE

▸ **2 jours** ▸ 85 km

On commence par un gros morceau : la montée du **col de Vergio** et ses 1478 m (oui oui, ce matin, vous étiez au niveau de la mer). Mais derrière, c'est que du bonheur : la traversée du Niolo, des vues sur le mont Cinto (2706 m : record corse) et passage dans une impressionnante gorge sauvage, le tout en descente jusqu'à Corte et sa citadelle perchée. Vous voilà au cœur de la Corse !

Possible de louer un vélo électrique à Bastia et de le rendre à Bonifacio. Faudra juste prévoir vos propres sacoches.

▸ appebike.com

Des agences peuvent aussi s'occuper de tout pour vous (vélo, transfert des bagages, hébergements...) .

▸ cycling-corsica.fr

Objectif Bonifacio

Le cœur de la Corse

5 CORTE > ZICAVO

▸ **2 jours** ▸ 102 km

Si vous aimez les petites routes de montagne, les passages de cols, les forêts de châtaigniers, les traversées inattendues de cochons sauvages, les vallées préservées et les villages authentiques, vous allez adorer cette étape ! Avec, pour finir, une arrivée magique au village de **Zicavo** et ses piscines naturelles pour vous rafraîchir : parfait !

Tout droit vers la mer !

6 ZICAVO > BONIFACIO

▸ **2 jours** ▸ 115 km

Une petite montée d'abord, puis une grande descente via le village de **Zonza** et sa vue exceptionnelle sur les aiguilles de Bavella, un petit col (promis, c'est le dernier !), et ensuite tout droit jusqu'à Bonifacio (tout droit, tout droit... ça reste des petites routes corses...) ! Posez votre vélo, perdez-vous dans les ruelles de la citadelle surplombant la mer, admirez le coucher de soleil et félicitez-vous : vous avez traversé la Corse à vélo !!

LA CORSE D'OUEST EN EST (TRÈS) LOIN DE LA FOULE

Si vous êtes à Ajaccio, osez ce pas de côté à la découverte d'une Corse confidentielle, avec quelques pépites qui sentent bon le maquis et les plantes aromatiques, les piscines naturelles et les routes étroites. Objectif : la côte orientale et l'étang d'Urbino. Carnet de route pour quatre jours hors des sentiers battus.

DÉFILÉ DE L'INZECCA

Randonnée dans la vallée des Pozzi

1 AJACCIO > BASTELICA ▸ 1 jour ▸ 42 km

Entre Bastelica et Ghisoni, à 1 800 m d'altitude, au creux des montagnes, la vallée des Pozzi est peu fréquentée. Arrivé à Bastelica, montez à la **station du Val d'Ese** (15 km), point de départ de cette extraordinaire rando.

Fréquentée par des troupeaux d'animaux en transhumance, la vallée des Pozzi est un vaste manteau herbeux et humide, ponctué de pozzines, des trous d'eau hérités d'un ancien lac glaciaire. Sa découverte fait l'effet d'un uppercut. Est-ce le reflet des nuages dans les vasques d'eau ? Le vert pomme de l'herbe ? La présence de vaches, de chevaux et de moutons, imperturbables ? Le chant des oiseaux ? Tout, ici, est enchanteur. Et si c'était ça, le bonheur ?

INFOS PRATIQUES

Départ/Arrivée : station du Val d'Ese
Difficulté : moyenne
Durée : environ 5 h A/R
Distance : 13,5 km
Dormir à Bastelica voir p. 152.

▸ + d'infos

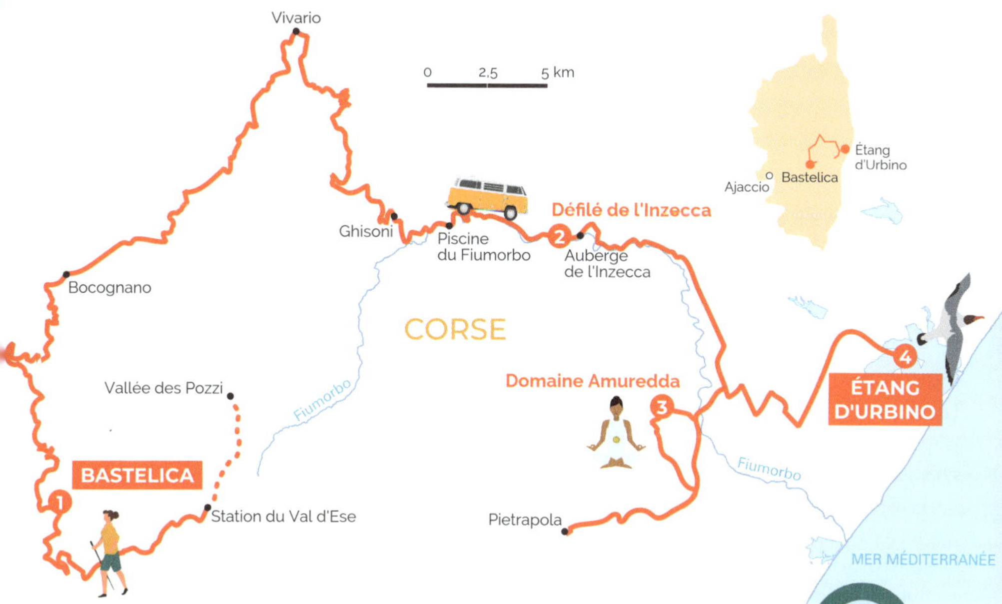

En voiture au milieu des gorges

2 BASTELICA > DÉFILÉ DE L'INZECCA ▸ 1 jour ▸ 68 km

Vertigineux, sauvage, grandiose, onirique… Près de **Ghisoni**, le défilé de l'Inzecca est tout ça, et bien plus encore. La route est si étroite qu'elle donne l'impression de rouler dans un canyon. Entre deux virages serrés, les falaises vertes impriment durablement la rétine. Un peu plus bas coule une rivière tumultueuse, le Fiumorbo, dans laquelle s'offrir une pause rafraîchissante.

PAUSE GOURMANDE

Auberge de l'Inzecca, dans les gorges de l'Inzecca ; 04 95 56 62 62.

Se détendre avec les plantes aromatiques

3 DÉFILÉ DE L'INZECCA > DOMAINE AMUREDDA ▸ 1 jour ▸ 16 km

Elle n'est pas née dans une rose, mais dans une immortelle, star des fleurs en Corse. Marina et son mari Stephan cultivent avec beaucoup de passion cette fleur, et d'autres, et en font des produits cosmétiques bio. Aventurez-vous dans leur merveilleux domaine pour en apprendre davantage ou pour suivre un atelier. Les plus chanceux (et les plus organisés, car il faut réserver !) pourront même se faire masser en plein air, au milieu des plantes aromatiques… Divin ! À moins de décider de rouler jusqu'au hameau de **Pietrapola**, pour rejoindre en quelques pas de superbes piscines naturelles.

▸ + d'infos : **Domaine Amuredda,** route de Poggio, Prunelli-di-Fiumorbo ; 06 25 61 32 49 ; domaine-amuredda.fr

Balade parmi les oiseaux

4 AMUREDDA > ÉTANG D'URBINO ▸ 1 jour ▸ 17 km

C'est un paysage que l'on ne s'attend pas à trouver en Corse. Ni plage, ni montagne, mais un étang d'une sérénité à toute épreuve. Hérons, cormorans et autres marins-pêcheurs s'y sentent d'ailleurs très bien. Les visiteurs aussi. Une balade autour du lac a le même effet qu'une séance de méditation, c'est (presque) prouvé par la science.

5 jours, 67 km

MARE A MARE® SUD
À LA CONQUÊTE DE L'OUEST

Quitter Porto-Vecchio un matin. Arpenter à pied l'Alta Rocca, son maquis, ses chênes et ses rivières, sous un ciel étincelant bleu indigo. Arriver, cinq jours plus tard, à Propriano. Au milieu ? Que du bonheur ! Bonne condition physique recommandée.

Cinquante nuances de vert

JOUR 1

PORTO-VECCHIO > CARTALAVONU

▸ **5h** (15 km)

Dites *ciao ciao* (pas longtemps, on vous rassure) aux plages de sable blond. Vous entrez dans un autre univers, riche en chlorophylle, celui du maquis, avec ses chênes-lièges et ses pins maritimes. Arrivé au village de l'**Ospédale**, retournez-vous : la vue sur le golfe de Porto-Vecchio est époustouflante.

PAUSE GOURMANDE
Pour reprendre des forces, le **restaurant Refuge**, à Cartalavonu, est parfait ; 04 95 70 00 39.

Noyé dans la brume

JOUR 2

CARTALAVONU > LEVIE

▸ **5h** (12 km)

Après avoir quitté Cartalavonu, la découverte du lac de l'Ospédale, noyé dans la brume est hautement poétique. La randonnée se poursuit à l'ombre des forêts de chênes, avant d'arriver à **Carbini**, village de poche aux maisons de pierres et aux toits de tuiles orange. Ne ratez pas la sobre – mais superbe – église romane Saint-Jean-Baptiste et son campanile !

Vieilles pierres, rivière, cochons & cie

JOUR 3 LEVIE > SERRA-DI-SCOPAMÈNE ▸ 6h30 (18 km)

C'est la portion la plus difficile (rien d'insurmontable, on vous rassure), mais aussi l'une des plus belles. Sur le chemin, le site archéologique de **Cucuruzzu** et ses rochers couleur d'orage, une forêt de chênes, une baignade dans le ruisseau de Saint-Antoine, le village de **Quenza** et sa chapelle de l'an 1000, et même des cochons sauvages, non ?

PAUSE GOURMANDE
Restaurant A Scopa, à Serra-di-Scopamène, pour déguster en terrasse des côtes d'agneau ou du poulpe ; 04 95 78 73 29.

Les montagnes russes

JOUR 4 SERRA-DI-SCOPAMÈNE > SAINTE-LUCIE-DE-TALLANO ▸ 4h (10 km)

La journée démarre par une descente un peu abrupte, jusqu'à la rivière Rizzanese. Après une baignade rafraîchissante, montée du col de Tavara, avant de redescendre – à nouveau, sur un sentier un peu raide – vers Sainte-Lucie-de-Tallano.

PAUSE GOURMANDE
Le Sporting, au village de Sainte-Lucie-de-Tallano, pour ses généreuses pizzas ; 04 95 23 06 17.

Grand Bleu

JOUR 5 SAINTE-LUCIE-DE-TALLANO > BURGO ▸ 6h (12 km)

Avant de clore cette échappée belle, découverte du hameau de Poggio et de sa chapelle Saint-Jean-Baptiste. Comme la veille, vous alternez montée et descente, au milieu du maquis. Puis la mer, à travers le superbe golfe de Valinco, s'invite à nouveau dans le paysage. Une vue exceptionnelle sur l'azur, pour voir la vie en bleu. Arrivé à **Burgo**, il reste 7 km pour rejoindre Propriano. À faire à pied ou… en taxi !

ET SI VOUS EN VOULEZ PLUS…

… enchaînez avec le Mare è Monti® Sud (5 jours), plus facile, hébergement globalement plus confortable, mais très beau tout de même. Il vous mènera à Porticcio, d'où vous pourrez prendre le bateau pour vous rendre à Ajaccio en 20 min.

▶ **+ d'infos :** on vous explique tout… page suivante !

INFOS PRATIQUES

Itinéraire : bien balisé (en orange).
Logement : on peut dormir dans des gîtes d'étape, des chambres d'hôte ou des hôtels.
Retrouvez toutes les adresses sur pnr.corsica (rubrique « Randonnées & Découvertes », puis « Mare a Mare® Sud »).
Accessible : toute l'année, car le sentier n'est pas trop chaud l'été grâce au couvert végétal et peu enneigé l'hiver.

MARE A MARE® OU MARE È MONTI® ?

Bien sûr il y a le célébrissime GR®20, mais les alternatives Mare a Mare® ou Mare è Monti®, beaucoup plus courts et tranquilles, sont aussi fantastiques ! Voici un petit guide de survie pour bien en profiter.

NOS PRÉFÉRÉS

Beaucoup de ces six sentiers ainsi que le GR®20 se croisent. N'hésitez pas à composer votre propre itinéraire !

▷ Mare a Mare® Sud **(5 jours)** : c'est celui dont on parle à la page précédente ! Idéal pour une première randonnée en Corse.

▷ Mare è Monti® Sud **(5 jours)** : pour un avant-goût de la montagne, c'est l'un des plus faciles et des plus confortables.

▷ Mare a Mare® Centre **(7 jours)** : pour réussir le challenge de traverser la Corse en rando entre le 1er et le 15 août sans croiser aucun touriste.

▷ Sentier de la Transhumance® **(5 jours)** : si vous vous sentez l'âme d'un berger (corse).

▷ Mare a Mare® Nord **(10 ou 11 jours)** : pour une grande variété de paysages de montagne.

▷ Mare è Monti® Nord **(10 jours)** : monter, descendre, monter, descendre… Magnifique et sportif !

INFOS PRATIQUES

Pour découvrir les différents itinéraires
▸ **+ d'infos :** mare-a-mare.fr ou mare-e-monti.fr

ON DORT OÙ ?

Contrairement au GR®20, vous accèderez à chaque étape à un logement « en dur »… et le plus souvent très propre : gîte d'étape, chambre d'hôte, petit hôtel, un refuge plus rarement. Dans les refuges (comme sur le GR®20), si vous souhaitez dormir, nous vous conseillons de louer une tente déjà installée pour la nuit. Réservez les logements à l'avance ; n'arrivez surtout pas au dernier moment sans prévenir, les Corses se vexent uniquement s'ils n'ont pas le temps de vous préparer un accueil chaleureux (c'est très grave).

ON MANGE BIEN ?

Les repas préparés par les hébergeurs sont familiaux, souvent avec des spécialités locales : beignets au brocciu, tartelettes aux herbes, fiadone, veau aux olives, canistrellis et gâteaux à la farine de châtaigne vous attendent !
Pour le repas du midi, vous pourrez acheter un pique-nique au village de l'étape si celui-ci a des magasins, sinon, n'hésitez pas à demander à l'hébergeur de vous en faire un.

ET POUR PAYER ?

Tous les hébergements n'acceptent pas la carte bleue et les distributeurs sont rares ; prévoyez du liquide et/ou un chéquier.

ON Y VA COMMENT ?

En été, vous pourrez rejoindre les points d'accès aux sentiers en utilisant le bus.

Nous conseillons :

1. de consulter le site corsicabus.org (qui est tenu par une personne privée n'ayant aucun lien avec les autorités locales ni avec des transporteurs).
2. de valider auprès des hébergeurs ces horaires de bus.

ON Y VA QUAND ?

Plutôt de début mai à mi-octobre. Attention à la chaleur en juillet et en août.

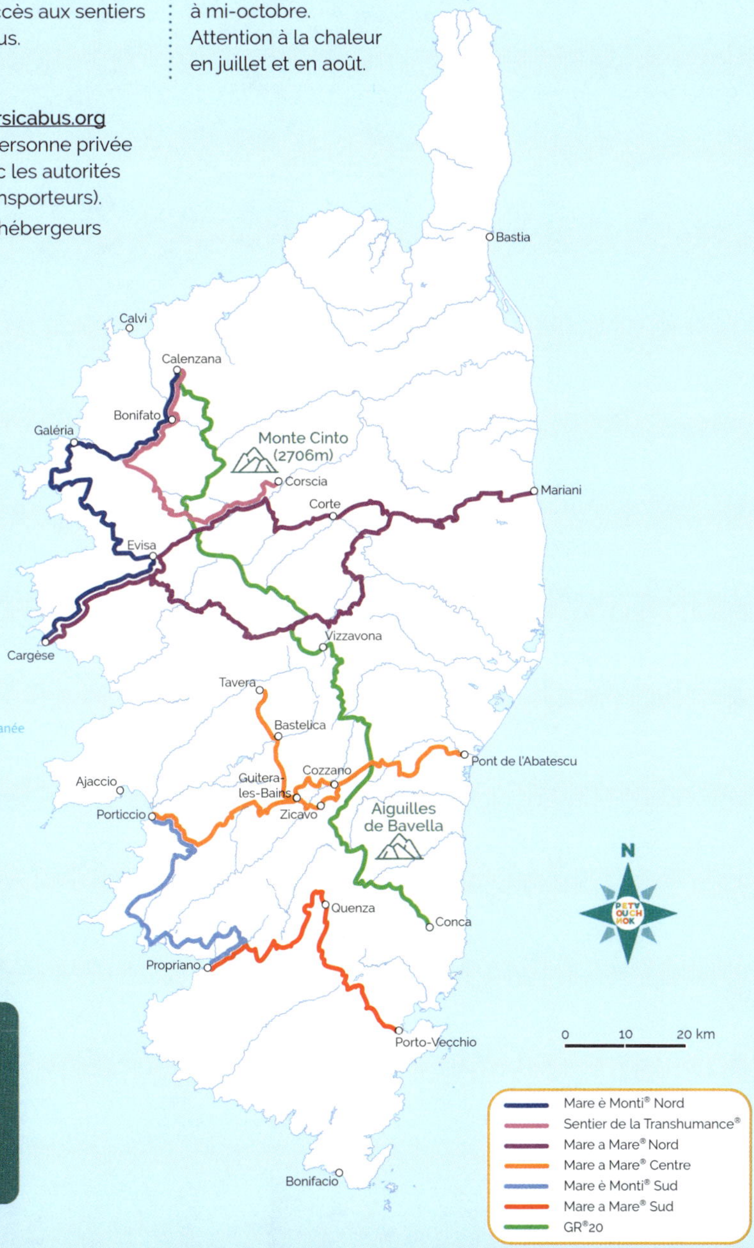

Applications Itinéraire + carte IGN + GPS : ignrando.fr et iphigen.ie

“ A machja, ochji un ha ma ochji teni. ”

Proverbe corse

« Le maquis ne possède pas d’yeux, mais il voit tout ».
Une raison de plus de partir explorer la Corse.
Il n’y a plus une minute à perdre !

VOUS ÊTES PRÊTS ? 3, 2, 1, GO !

BASTIA ET LE NORD

CERNÉS PAR LA MER

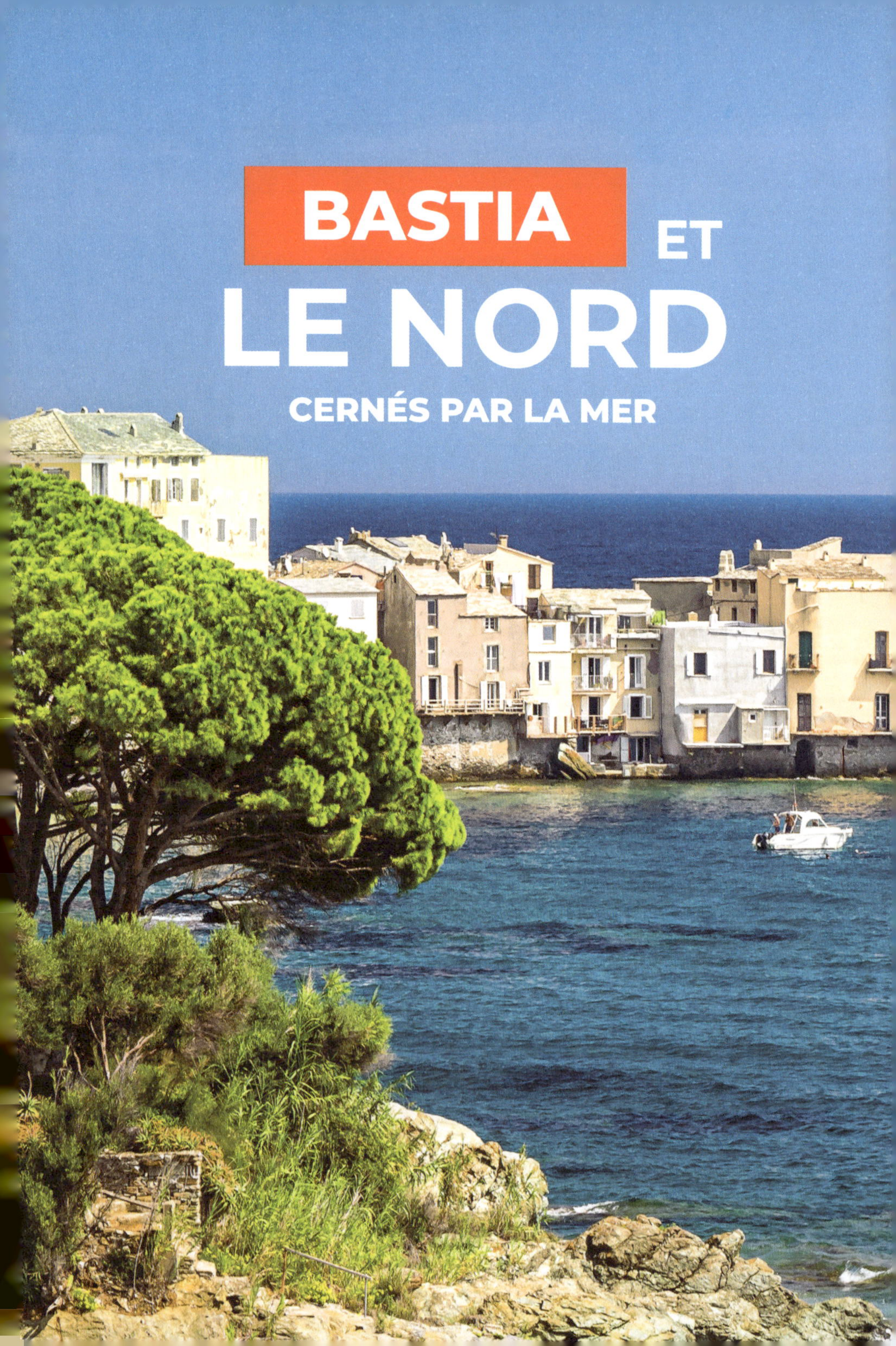

◁ Erbalunga

Des plages, des vignes qui dévalent la montagne, de petits villages plus ou moins perchés et d'innombrables tours génoises, le Nord de la Corse est une région… tout simplement magnifique. Artisanat local, faune sous-marine, randonnées, glace au brocciu et même vaches sur la plage : voilà ce qui vous attend dans ce chapitre. Et en bonus, on vous propose un petit crochet par la côte orientale : c'est cadeau !

CE QUI VOUS ATTEND…

La région en un coup d'œil 38
Best of 40
24h à Bastia 44
La rando du Cap 46
Le Cap Corse de l'intérieur 48
Visiter Saint-Florent 50
Patrimonio : des vignes et des guitares 52
Agriates : la traversée du désert 54
Agriates : des plages comme on en rêve 56
S'échapper sur la côte orientale 58
Nos super adresses 60
FAQ 62

BASTIA ET LE NORD EN UN COUP D'ŒIL

BEST OF

1. Mettez-vous au rythme corse à Bastia
2. Passez une nuit dans le désert des Agriates
3. Murato, la rando qui va bien
4. Plongez dans la grande bleue à Saint-Florent
5. Erbalunga, la carte postale du Cap Corse
6. La Conca d'Oro du haut de la Tour de Nonza
7. Dormez dans un couvent à Brando
8. Bronzez avec des vaches à la plage de Barcaggio

Et hop ! Notre carte digitale

Plage de Barcaggio
Barcaggio
La rando du Cap, p. 46
Îles Finocchiarola
Cannelle
Ersa
Plage de Tamarone
Centuri
Macinaggio
Rogliano
Morsiglia
Anse d'Aliso
Tour de Sénèque
MER MÉDITERRANÉE
Barrettali
Cagnano
Porticciolo
Canari
Pietracorbara
Cap Corse
Sisco
Plage de Nonza
Nonza
Brando
Castello
Erbalunga
Olmeta-du-Cap
Découvrez les vignobles de Patrimonio, p. 52
Plage de Trave
ge de Ghignu
Plage de Saleccia
Plage du Lodu
Farinole
Patrimonio
Bastia
Saint-Florent
Cathédrale
Santa Maria Assunta
Les Agriates
Plage de la Roya
Collines de Nebbio
Conca d'Oro
Oletta
Étang
de
Biguglia
Murato
Église Saint-Michel
de Murato
Lama
Borgo
0
5
10 km

BEST OF

1 BASTIA

Mettez-vous au rythme corse

Profiter d'un verre en terrasse avec vue sur Napoléon, flâner sur le Vieux-Port tôt le matin ou tard le soir, arpenter la Citadelle pour une plongée dans l'Histoire mais aussi pour admirer ses jardins suspendus, et découvrir le meilleur des produits corses sur les marchés, tout ça en une journée (allez, deux peut-être...), c'est possible, et c'est à Bastia (p. 44) !

2 LES AGRIATES

Passez une nuit dans le désert

La plage de Ghignu est l'une des plus belles des Agriates, et figurez-vous que vous pourriez y dormir, presque seul, dans l'une des anciennes cabanes de berger situées à quelques mètres de la plage. Votre toit pour la nuit : d'anciens paillers restaurés et aménagés… et c'est à peu près tout ! Pas de matelas, pas d'eau, pas d'électricité ni de sanitaires collectifs… et un accès uniquement possible en 4x4. Oui oui, c'est un peu l'aventure, mais l'expérience en vaut la chandelle.

▸ **+ d'infos :** 04 95 59 17 35 ; agriate.org/les-paillers-ghignu

3 MURATO

La rando qui va bien

Embarquez pour une boucle d'une dizaine de kilomètres à partir de la chapelle de Murato avec, au programme : vieilles pierres, églises, pont génois, grand lavoir… Une rando remplie d'Histoire où vous jouerez à saute-mouton sur les collines du Nebbio. Et, tout du long, des vues épatantes sur le golfe de Saint-Florent. Promis, c'est pas dur (p. 51).

▸ **+ d'infos :** murato.fr

4 SAINT-FLORENT

Plongez dans la grande bleue

Repérer les gros poissons, ça vous intéresse ? Allez, venez, Sarah et Cyrille vous emmènent en plongée pour un stage d'initiation à la photo sous-marine. Étoiles de mer, seiches, dorades, murènes, mérous… qui allez-vous croiser aujourd'hui ? Faites vos jeux !

▸ **+ d'infos :** quai de l'Aliso ; actisub.com

5 ERBALUNGA

La carte postale du Cap Corse

Un petit port. Quelques maisons de pêcheurs les pieds dans l'eau. Des ruelles piétonnes. Une eau turquoise. Et cerise sur le gâteau, une tour génoise posée sur des rochers. Voilà le tableau absolument pittoresque que vous propose Erbalunga, la marine la plus célèbre du Cap Corse ! Et ne ratez pas non plus l'église Saint-Érasme, dédiée au saint patron des marins, avec sa jolie façade baroque…

6 TOUR DE NONZA

La Conca d'Oro d'en haut

La tour de Nonza (qui n'est pas une tour génoise) a été construite en 1757, sur ordre de Paoli, pour permettre de surveiller l'entrée du golfe de Saint-Florent. Autant vous dire qu'à son sommet, vous allez en prendre plein les yeux, avec une vue fabuleuse sur le golfe (alias la Conca d'Oro). En cadeau, en arrière-plan, les collines du Nebbio. Préparez jumelles, appareil photo, portable, et oubliez le temps : à trop admirer, vous avez déjà sauté le dîner.

Chambre avec vue

7 BRANDO

Dormez dans un couvent

On a trouvé pour vous LA pépite : une vieille bâtisse de pierres gentiment dévorée par le lierre, une table d'hôte avec des produits locaux, une plongée dans la piscine bordée de pins parasols et une vue époustouflante sur la mer en contrebas... et le tout, dans un couvent.

▸ + **d'infos :** route du Couvent ; couventdepozzo.com

8 PLAGE DE BARCAGGIO

Bronzez avec des vaches

Pour réaliser ce rêve (Comment ? Vous n'avez jamais rêvé de prendre un bain de soleil à côté d'une vache ??), rendez-vous à la plage de Barcaggio, au nord du Cap Corse. Après un accès un peu difficile (comptez 3h de marche depuis Macinaggio si vous ne passez pas par la mer), vous serez heureux de découvrir que des bovins vous attendent sur une longue étendue de sable doré. Une aventure vachement chouette !

MILITER EN MANGEANT UNE GLACE

Pour la Maison Salge, utiliser des produits locaux est une évidence, et les travailler est un acte militant qui contribue au développement de l'économie circulaire. Une bonne raison de vous rendre dans LE glacier de Saint-Florent (désolés pour les autres...). L'autre bonne raison est évidente : vous allez vous régaler rien qu'en salivant devant les produits 100 % locaux en version glacée. Clémentines, cédrat, noisettes, miel... Petit coup de cœur pour la crème au brocciu !

▸ + **d'infos :** place de La Porta ; maison-salge.com

24 HEURES À BASTIA

Si vous vous demandez si ça vaut le coup de passer une journée dans la capitale corse, la réponse, elle est vite trouvée ! 24 heures, c'est juste le temps qu'il faut pour explorer les ruelles de la vieille ville, voir le port d'en haut depuis la Citadelle et profiter de l'ambiance 100 % corse en terrasse, sur la place Saint-Nicolas. C'est parti !

10H00

Shopping matinal

Prenez votre temps ce matin. Déjà, parce que c'est les vacances, et aussi parce qu'avant 10h, pas sûr que les boutiques soient ouvertes ! Commencez par une petite mise en jambes **boulevard Paoli,** la grande avenue commerçante de Bastia, où vous pourriez avoir envie de vous acheter un feutre corse à la **Chapellerie** (au n° 33), ou de faire une razzia de fromages corses chez **A Tinella,** LE fromager de Bastia, au 15, rue Napoléon. Libre à vous d'y revenir plus tard, histoire de ne pas vous balader une journée entière avec des fromages corses dans votre sac...

11H30

Entrez dans l'antre

Pause à **Una Volta,** rue César-Campinchi (la rue parallèle au boulevard). Niché dans Le Régent, cinéma historique de la ville, c'est l'antre culturel de Bastia. Super expositions tout au long de l'année.

▸ + **d'infos** : rue César-Campinchi ; una-volta.com

12H30

Déjeuner avec vue

Faites une pause **Chez Vincent,** sur la sublime terrasse de la ville haute. De là, la vue est imprenable sur le Vieux-Port, la ville basse et le large. Et dans l'assiette, des burgers bistronomiques qui font la part belle aux produits locaux.

▸ + **d'infos** : 12, rue Saint-Michel ; 04 95 31 62 50 ; Facebook : chez.vincent.1

LES ADRESSES DES BASTIAIS

Le Coude à Coude : bar à vins – ici, on ne sert pas de bière, c'est marqué à l'entrée – et fooding malin autour de produits locaux.

▸ + **infos :** Place Guasco ; 06 38 29 39 85.

Galerie Noir et Blanc. Sur la place du Marché, deux expos d'artistes contemporains par mois (corses, mais pas que) et quelques tables pour prendre le thé.

▸ + **infos :** galerie-noir-blanc.corsica

14H00

De l'histoire, des roses, de l'art

Petit moment culture (promis ce sera pas long !) avec la visite du **musée de Bastia,** niché derrière les murs roses de l'ancien palais des Gouverneurs. Pour tout savoir sur l'histoire de la ville… avec, en prime, une trentaine de tableaux de la collection Fesch, le tonton de Napoléon.

▸ + **d'infos** : place du donjon ; musee.bastia.corsica

15H30

Plongée dans le Vieux-Port par la Méditerranée

Il est temps de descendre dans la ville basse par l'**escalier Romieu,** un millésime de 1869 qui fait la fierté des Bastiais (c'est vrai qu'il est pas mal). En bas, c'est le **Vieux-Port,** ses bateaux de pêche, ses voiliers et sa vue superbe sur l'amphithéâtre des maisons. Offrez-vous une pause-café rue de la Marine, au **bar Le Méditerranée,** avant d'aller explorer les ruelles de Terra Vecchia autour de la place du Marché.

18H30

Un verre avec Napoléon

C'est déjà l'heure de l'apéro ! Installez-vous sur une terrasse de la place Saint-Nicolas face à la monumentale statue d'un Napoléon bodybuildé (le **Café de la Paix** fera l'affaire). Un seul conseil pour en profiter vraiment : prenez des lunettes de soleil !

▸ + **d'infos** : 9, bd du Général-de-Gaulle ; 06 95 93 40 87.

20H00

Assiettes arty

On dîne où ? Au **Petit Zinc,** pour l'atmosphère, mais aussi le goût : c'est bon, c'est beau, les assiettes sont comme des tableaux… La cuisine est une forme d'art, d'après le patron. Et c'est lui qui cuisine, donc il sait ce qu'il dit. Cadre intimiste et belle carte des vins en prime.

▸ + **d'infos** : 1, rue de l'Ancienne-Poste ; 04 95 48 19 22 ; Facebook : lepetitzincbastia

23H00

Houblon local et grosses guitares

Dernier verre, soit à **La Rhumerie,** pour siroter un daïquiri en terrasse, soit à **La Taberna Ribella,** qui propose en direct de sa brasserie de Saint-Florent une douzaine de bières pression et plus de choix encore en bouteille à partir de produits 100 % locaux, y compris le houblon. En playlist : des grosses guitares.

▸ + **d'infos** : **La Rhumerie,** place Galetta ; larhumeriebastia.unblog.fr

▸ + **d'infos** : **La Taberna Ribella,** place du Marché ; biereribella.com

LA RANDO DU CAP

entre Macinaggio et Barcaggio

LE SENTIER DES DOUANIERS

4h de marche, un balisage tout du long, un dénivelé de 234 m : *yes we can*. Au programme : des oiseaux migrateurs, des plages de sable fin (on n'oublie pas le maillot), des vues époustouflantes sur le large, des senteurs du maquis…

1 Départ Macinaggio

Le « grand » port de plaisance du Cap. La promenade le long des quais, les bateaux amarrés, des terrasses vue sur la mer : tout y est. On y trouve même l'office de tourisme du Cap Corse. Pratique pour dénicher les topo-guides des randonnées du coin.

▸ **+ d'infos :** office de tourisme du Cap Corse à Macinaggio, base nautique, port de plaisance ; capcorse-tourisme.corsica

2 Plage de Tamarone en vue

On est parti… sans oublier d'emporter une provision d'eau suffisante : pas de bistro en chemin. Première étape, Tamarone, la dernière plage « civilisée », à 30 min de marche. Ensuite, entrez dans la réserve naturelle de la Capandula sans quitter le bord de mer : îles au large, criques aux eaux transparentes et un chapelet des fameuses tours génoises.

3 Santa Maria

Les cultureux feront un micro-détour pour admirer la double abside de la chapelle Santa Maria (du 11e s. tout de même). Grimpez ensuite dans le maquis : cueillette des fleurs interdite ; on est dans une zone protégée. Puis, descendez vers Barcaggio.

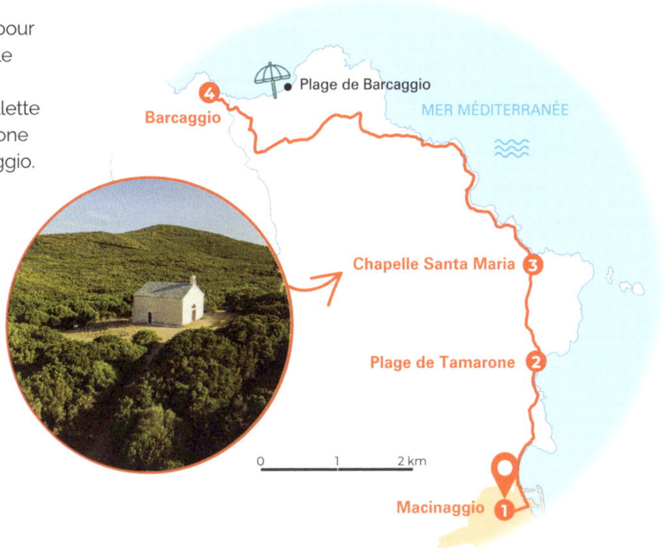

4 Barcaggio

Là, vous êtes au bout du monde. Un micro-port de pêche posé tout au nord du Cap avec son envoûtante plage sauvage dominée par une dune de sable. Pas de construction à l'horizon. Bronzez donc en compagnie des vaches qui batifolent sur le sable. Le bout du monde, on vous dit.

Et on revient à pied ?

Non, non ! En bateau par la navette San Paulu Barcaggio-Macinaggio et vice versa qui opère d'avril à septembre. Attention quand même à l'heure du retour. Quand on dit 4h de marche, c'est sans les arrêts : comptez large. D'ailleurs, on vous conseille plutôt de partir de Macinaggio par la navette et de commencer la rando par Barcaggio. Il n'y a plus qu'à lire l'itinéraire ci-dessus dans l'autre sens.

▸ **+ d'infos :** San Paulu – bateaux de promenades en mer ; port de plaisance de Macinaggio ; sanpaulu.fr

C'EST QUOI TOUTES CES TOURS AU BORD DE L'EAU ?

Elles ont été construites au 16e siècle par les Génois, pour prévenir les habitants de l'arrivée des pirates. Une voile noire à l'horizon ? On allumait un feu au sommet des tours et les habitants filaient se cacher dans la montagne. Aujourd'hui, on dénombre une vingtaine de ces tours génoises au Cap Corse.

INFOS PRATIQUES

Point de départ : port de Macinaggio

Point d'Arrivée : port de Barcaggio

Durée : 4h

Distance : 12 km

Niveau : moyen (si retour en bateau)

Sentier : balisé

Dénivelé positif : 234 m

Retour en bateau : avec la navette San Paulu en 1h

EXPLORER LE CAP CORSE DE L'INTÉRIEUR

De l'intérieur, c'est vite dit, car on quitte rarement des yeux le bleu de la mer. Mais enfoncez-vous un peu et vous trouverez les villages perchés : là, partez à la découverte des maisons d'Américains, une spécialité du Cap. Il s'agit d'orgueilleuses demeures construites à la fin du 19e siècle, par des Capcorsins revenus des Amériques fortune faite.

▶ 4 SPOTS CHARGÉS D'HISTOIRE

1. La chapelle Notre-Dame-des-Neiges de Castello, à 3 km d'Erbalunga, renferme un ensemble de fresques du 14e siècle. En hiver, il se peut que vous la découvriez sous la neige !

2. La micro-chapelle romane San Michele est un petit bijou millésimé 1030. Elle est située au-dessus du dernier hameau de Sisco et accessible après une petite balade de 30 min à travers le maquis.

▸ **+ d'infos : À Sisco**

▸ **3. La tour de Sénèque**, côté ouest cette fois-ci, passe pour avoir été le lieu d'exil du philosophe romain. Une tour génoise de plus vous nous direz, mais qui a la particularité de vous offrir un panorama de dingue sur les deux versants du Cap !

4. La galerie Nasce à Nonza, où vous pourrez rencontrer Florence Arrighi et ses créations poétiques inspirées par la nature corse. Une occasion en or d'admirer d'en haut la plage de Nonza et ses galets noirs !!

▸ **+ d'infos : À Nonza,** La Casale ; Instagram : galerie_nasce

AMERICAN WAY OF LIFE

Pour dormir dans une maison d'Américains, autant choisir la plus belle ! Notre choix s'est porté sur le Palazzu Nicrosi, à Rogliano, une fantastique bâtisse construite en 1874 par un Capcorsin qui avait fait fortune en Alabama en ouvrant le premier magasin en libre-service au monde (la classe !). Déco intérieure dans son jus (de châtaigne), jardins somptueux, piscine et accueil formidable de Paul et Aline. Un petit goût de paradis !

▸ + **d'infos : À Rogliano,** lieu-dit Vignale ; palazzu-nicrosi.com

ON A GOÛTÉ LES CÉDRATS DE XAVIER

Le cédrat est le fruit emblématique du Cap. Normal, on n'en mange que l'écorce – jeu de mots de qualité ;). En nous ouvrant les portes de son exploitation, Xavier détaille les soins amoureux qu'il apporte à ses arbres, le traitement minutieux des écorces et leur transformation afin d'obtenir du cédrat confit, au sirop, en confiture ou même pour aromatiser la bière. Et comme vous êtes sympa, on est sûrs qu'il vous donnera un tas de recettes pour utiliser ses produits.

▸ + **d'infos : À Barrettali ;** lescedratsducapcorse.fr

ON ARPENTE LES PLUS BEAUX VILLAGES

Les coins à inscrire sur votre bucket list, par ordre d'apparition depuis Bastia :

LES HAMEAUX DE SISCO, étagés à flanc de montagne, avec leurs imposantes maisons d'Américains.

ROGLIANO et ses vues extraordinaires sur la côte : à déguster depuis U Sbarazzu, le café associatif du village (06 12 27 66 29).

CANARI : cette fois, c'est la Conca d'Oro, la baie de Saint-Florent, qu'on admire depuis la place du village.

Et pour finir, **NONZA ET SA TOUR,** un des musts du Cap.

VISITER SAINT-FLORENT

Des plages, des terrasses, et du patrimoine

C'est décidé : on s'autorise une pause dans une station balnéaire. À Saint-Florent, tout est là : les plages, la foule dans les ruelles du vieux village, la promenade le long du port de plaisance, les terrasses pour prendre l'apéro quand le soleil se couche sur la Conca d'Oro… *What else*?

▶ LES COINS OÙ VOUS RISQUEZ DE NOUS CROISER

▸ À une terrasse de la place Doria en train de siroter un muscat, l'œil sur la fontaine aux Grenouilles ou sur les jolies façades pastel de la vieille ville.

▸ Sur l'esplanade de la Citadelle, quand on taquine le cochonnet à l'ombre des pins, à moins que ce jour-là on ait choisi de se mesurer aux pros de la pétanque de la place des Portes.

▸ Sur les quais du port de plaisance, histoire de rêver de croisières ensoleillées en Corse et au-delà.

▸ Sur la plage de la Roya : il n'y a pas beaucoup d'eau mais on ne se lasse pas de la vue sur le golfe.

▸ Derrière un cornet de glace au brocciu de José Salge, LE glacier de Saint-Florent.

▸ **+ d'infos :** place de La Porta ; maison-salge.com

C'EST AU BORD DE L'EAU ET ON EN PROFITE

À part sur les plages des Agriates (mais ça on en parle p. 56), il y a plusieurs manières de profiter des eaux translucides du golfe de Saint-Florent !

▸ En surface, en partant en expédition kayak, en solo ou à deux places pour explorer les criques des environs.

▸ + **d'infos :** plage de la Roya ; agriateskayak.com

▸ Sous l'eau, en plongeant avec Sarah et Cyrille, qui vous proposent de super baptêmes dans les eaux du golfe.

▸ + **d'infos :** quai de l'Aliso ; actisub.com

▸ Et si vous avez la flemme, pas de problème, il vous reste le mode lézard sur les plages de Saint-Florent !

COUCOU LES ÉGLISES !

Deux visites indispensables :

1- LA CATHÉDRALE SANTA MARIA ASSUNTA : à 10 min de marche du centre de Saint-Florent, une église romane venue tout droit du 12e siècle et toujours pimpante.

2- LA CHAPELLE DE MURATO : à 18 km à l'intérieur (à vélo, seulement pour les gros mollets : ça grimpe dur). Romane elle aussi, c'est la plus photogénique des chapelles corses avec son alternance de pierres blanches et noires. De la chapelle part une balade sympa d'une dizaine de kilomètres, à saute-mouton sur les collines, avec des vues épatantes sur la Conca d'Oro ! Pratique : l'itinéraire est affiché sur place, y a qu'à le prendre en photo.

PATRIMONIO : DES VIGNES ET DES GUITARES

Un haut clocher au-dessus du vieux village. Des vignobles tout autour et en toile de fond, le bleu du golfe de Saint-Florent : le coup d'œil vaut le détour. Comme les vins de Patrimonio à déguster en direct chez les producteurs.

LE ROI DES VINS CORSES

En 1968 en Corse, c'est la révolution : le vignoble de Patrimonio obtient son classement en AOP (à l'époque on disait AOC). C'est le premier de l'île à atteindre le Graal. Et il ne s'endort pas sur ses lauriers : depuis 2021, les désherbants chimiques sont interdits dans le cahier des charges de l'appellation. Du rouge, du blanc, du rosé… il y en a pour tous les goûts dans ce vignoble qui domine le golfe de Saint-Florent ! Le sol caillouteux et les légères brises marines viennent donner un goût et un nez très particuliers aux vins. Comptez sur une belle robe couleur rubis pour les vins rouges, et des arômes de fleurs blanches pour les vins blancs. Y a plus qu'à goûter !

NOS PRODUCTRICES CHOUCHOUS

Le patrimonio, c'est aussi une affaire de femmes. Elles sont de plus en plus nombreuses à reprendre les exploitations familiales.

MARIE-BRIGITTE POLI

C'est à 17 ans que Marie-Brigitte Poli est propulsée à la tête de l'exploitation après la mort de son père. Son Clos Teddi, au cœur des Agriates, est aujourd'hui un fleuron de l'appellation.

▸ + **d'infos :** À Saint-Florent, Casta ; closteddi.fr

MURIEL GIUDICELLI

À Patrimonio, Muriel Giudicelli est l'une des pionnières du bio. Vous la trouverez au lieu-dit Poretto.

▸ + **d'infos :** lieu-dit Poretto ; 06 11 56 36 24

JULIE MARFISI

Avec son frère Mathieu, Julie Marfisi est la cinquième génération à la tête du domaine. Prenez rendez-vous pour le visiter.

▸ + **d'infos :** À Patrimonio ; facebook.com/closmarfisi ; 04 95 37 07 49

Marie-Brigitte Poli

LES NUITS DE LA GUITARE

Depuis 1990, le festival s'est imposé comme un rendez-vous majeur du calendrier festif corse qui brasse tous les genres et tous les instruments. Le tout dans une ambiance de bal populaire avec buvette et proximité des musiciens. Le festival dure une semaine et a lieu fin juillet, mais attention, les réservations sur le site sont ouvertes dès le début de l'année.

▸ + **d'infos :** À Patrimonio ; festival-guitare-patrimonio.com

LES AGRIATES
LA TRAVERSÉE DU DÉSERT

Le désert des Agriates n'a de désert que le nom (ce qui ne veut pas dire que vous n'y serez jamais seul) ! Vous y trouverez 37 km de côte sans le moindre cube de béton à l'horizon (ça donne envie), mais aussi de fabuleux paysages de maquis vierges de toute construction. Allez, on explore. Voici deux randos pour découvrir les Agriates : par l'intérieur, et par la côte !

Les Agriates de l'intérieur

Allez, on oublie la baignade et on enfile ses pataugas. Pendant des siècles, les Agriates ont servi d'hivernage pour les troupeaux du Nebbio. Partez à la rencontre de ce temps passé par un splendide sentier balisé qui part de la route Saint-Florent – L'Île-Rousse au niveau du domaine de l'Ostriconi. En chemin, des forêts de chênes, des ruines de cabanes de bergers, des fours à pain, de caves à fromage, le maquis odorant et l'ascension de la Punta Liatoghju avec son panorama sur la côte. Une boucle de 3h30. Et là, y a nettement moins de monde.

Infos pratiques
Départ et arrivée : Domaine de l'Ostriconi
Distance : 5,6 km - **Durée :** 3h30
Difficulté : moyenne

AVEC OU SANS « S » ?

Ou trouve les deux : désert des Agriates ou des Agriate. Pour les puristes, il n'en faut pas : *agriate* est un terme corse qui indique déjà un pluriel. Nous, on a fait un vote à main levée dans la rédaction : on préfère mettre un « s » parce que sans, c'est vraiment trop bizarre.

Les Agriates par la côte

Version intégrale
Parcourir les 37 km du sentier des Douaniers, c'est une petite aventure qui se fait généralement en trois jours : Saint-Florent – plage de Saleccia (6h de marche), Saleccia – plage de Ghignu (3h), puis Ghignu – plage de l'Ostriconi (6h). À Saleccia, il y a un camping, et à la plage de Ghignu, c'est plus roots (voir ci-contre). Très peu d'ombre : prévoyez beaucoup beaucoup d'eau et un chapeau.

Version light
Concentrez-vous sur la première étape qui part de la plage de la Roya à Saint-Florent : 6h de marche donc jusqu'à la plage de Saleccia, ou 4h45 jusqu'à Lodu. Et prenez un bateau-navette pour rentrer !

Version super light
Sans doute notre option préférée ! Prenez un bateau pour Saleccia, et suivez le sentier jusqu'à la plage du Lodu : 45 min de marche en plein maquis... et gambas grillées qui vous attendent à l'arrivée (lacabanedulodu.com). Rentrez en bateau à Saint-Florent.

ET ON Y DORT ?

Oui, en mode roots dans des cabanes de bergers qui ont été retapées, dans les dunes à l'arrière de la plage de Ghignu : pas d'eau, pas d'électricité, pas de matelas et sanitaires collectifs ; on emporte tout avec soi pour le bonheur de se lever au milieu du maquis et d'avoir la plage à soi tout seul.

▸ + **d'infos :** 15 €/nuit/pers. ; gratuit - 10 ans ; Résa obligatoire en été sur agriate.org ; libre d'accès et gratuit en hiver.

REJOINDRE LES AGRIATES

En bateau : il y en a une flopée depuis Saint-Florent avec possibilité de commencer par la Saleccia et de rentrer par Lodu.

▸ + **d'infos :** lepopeye.com

En kayak, à louer à Saint-Florent, chez Agriates Kayak : choisissez un kayak à deux places pour mettre votre couple à l'épreuve.

▸ + **d'infos :** plage de la Roya ; agriateskayak.com

LE DÉSERT DES AGRIATES
DES PLAGES COMME ON EN RÊVE

▶ Depuis Saint-Florent, par ordre d'entrée en scène :

❶ La plage du **Lodu** (ou Lotu), où on vous a dégoté une chouette paillote : la Cabane du Lodu, un lieu hors du temps, à 2 min de la plage.

▸ lacabanedulodu.com

❷ La plage de **Saleccia**, la vedette des Agriates : 1 km de sable fin (on a mesuré), des eaux cristallines et le parfum des pins d'Alep. Mais sur celle-ci comme sur la plage du Lodu, il y a foule. On continue ?

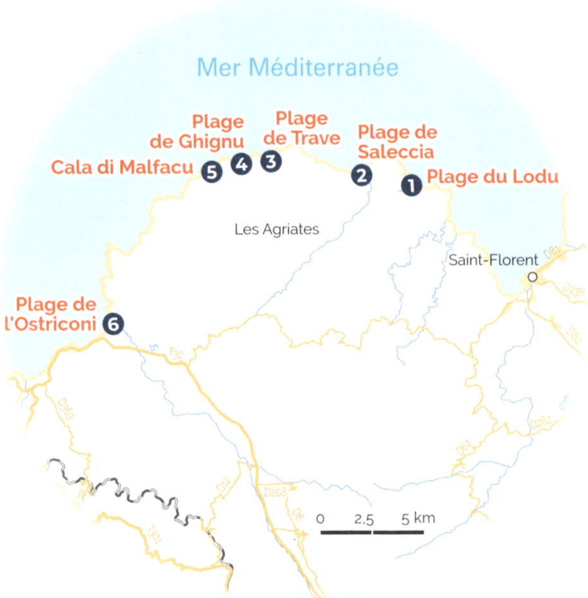

PLAGE DE TRAVE

Sur la plage abandonnée...

3 La toute mignonne plage de **Trave**, une crique de sable blanc à l'ambiance intimiste et sauvage, sur une côte sauvage et préservée. What else ?

4 La plage de **Ghignu**, sauvage et préservée, n'a rien à envier à ses voisines avec son sable blanc (lui aussi !) et ses eaux turquoise...

5 La **Cala de Malfacu** et ses criques intimistes, pour les connaisseurs.

6 La plage de l'**Ostriconi** (voir p. 69), qu'on ne cite plus, avec ses dunes de sable et sa végétation sauvage.

Bref, il y en a pour tous les maillots !

S'ÉCHAPPER SUR LA CÔTE ORIENTALE

La côte orientale, c'est une grande plaine plantée de vignes et de vergers, avec une seule route à distance de la mer et peu de possibilités de baignade. Ceci dit, la région propose quand même quelques spots qui méritent le détour…

1 On prend de la hauteur à Cervione

Cervione, c'est rien que le plus beau village du coin (et la capitale de la noisette corse !), avec une vue époustouflante sur la côte. Pause-café obligatoire en terrasse avant d'arpenter les ruelles pentues de la première capitale de la Corse. La première capitale, pour de vrai ? Oui : pendant 7 mois et 21 jours (les heures, on ne sait pas), en 1736, lorsque l'éphémère roi Théodose Ier s'y était installé. Au programme : Saint-Érasme, la plus ancienne église baroque de Corse, et le Musée ethnographique de l'ADECEC, une association culturelle qui œuvre pour la promotion de la culture corse.

2 On craque pour les gâteaux de Delphine

Dans le petit village de **Prunete**, poussez la porte d'O Gurmandia. C'est le repaire de Delphine Morellini, une jeune pâtissière bourrée de talent. Vous allez adorer sa dernière création : la Cursichella, une douceur en forme d'île de Beauté. Mousse de brocciu, zeste de citron, miel sur un biscuit croustillant à la noisette : à tomber. Et comme toutes les pâtisseries de Delphine, c'est à base de produits 100 % made in Corsica !

▶ **+ d'infos : à Prunete** ; facebook.com/Ogurmandia

3 Aléria, pour les mordus d'Antiquité

C'est le grand site romain de Corse : forum, capitole, thermes ; tout est là, à ras du sol. Ne vous attendez pas tout de même à trouver le Colisée. Pour mettre les petits plats dans les grands, vous pouvez aussi visiter le Musée d'archéologie d'Aléria et admirer sa spectaculaire collection de céramiques antiques.

▶ **+ d'infos :** isula.corsica

4 Une petite douzaine en passant

L'**étang de Diane** sert de bassin d'élevage pour les huîtres et les moules. C'est l'occasion de s'attabler sur le ponton du restaurant Aux Coquillages de Diane, pour déguster un plateau d'huîtres tout juste sorties de l'eau. La lagune est aussi un milieu humide, fragilisé par la disparition du maquis de ses rives (remplacé par des champs). Pour en savoir plus, contactez Marion Couture, l'animatrice de l'asso Terra Vi(v)u, et suivez-la pour une balade pédagogique à la découverte des mystères des posidonies. Et puis encore une petite pause, au Clos Poggiale cette fois, pour sa vue sur les vignes et l'étang.

▶ **+ d'infos :** Marion Couture, Terra Viv(u) : larandodemarion.fr ; Clos Poggiale : domaine de Terra Vecchia, lieu-dit Pompugliani, Tallone ; clospoggiale.fr

5 Sur la côte orientale, on y dort ?

Bien sûr ! Si vous voulez passer une nuit dans la région, poussez vers l'intérieur jusqu'à Salastraco. Martine et Xavier y ont construit une cabane en bois sur pilotis, la « cabane du bandit ». Séjour hors du temps labellisé écotourisme. Cerise sur le brocciu, les proprios vous feront goûter leur fromage.

▶ **+ d'infos : À Pietroso**, lieu-dit Salastraco ; casettadiubanditu.com

NOS *Super* ADRESSES

POINTS DE CHUTE

BASTIA

La capitale du Nord est une ville agréable à explorer : jolis quartiers anciens, vieux port, ville moderne avec sa foule de boutiques. Et puis de là, on peut facilement partir à la découverte des environs : Patrimonio, Saint-Florent, le sud du Cap Corse.

SAINT-FLORENT

Parfait si vous privilégiez l'option balnéaire : buller sur les plages de la ville ou sur celles des Agriates, partir en mer en kayak ou sur un bateau de promenade, explorer l'arrière-pays avec en vedette la chapelle de Murato. Et le soir, vous pouvez profiter de l'animation de la station balnéaire !

ROGLIANO

Un des plus beaux villages du Cap Corse, à l'intérieur des terres, face à un panorama époustouflant. De là, vous pourrez profiter des plages, inscrire le sentier des Douaniers à votre palmarès de randonneur, déguster des langoustes à Centuri... Le soir venu, le village est tout calme et on se sent rapidement comme faisant partie des murs... Magique !

OÙ DORMIR ?

Relais du Cap

Front de mer

Dans le B&B de Gaëlle, au bord d'une plage de galets, le soir, vous allez vous sentir seul au monde pour profiter du coucher du soleil sur la Conca d'Oro. Et le lendemain, pour explorer les fonds, on vous prête le matériel. Il y a une option appartement avec coin cuisine, mais il faut penser à réserver tôt.

▸ **À Olmeta-du-Cap** ; 04 95 37 86 52 ; relaisducap.com

La ferme de Campo di Monte

(Presque) seul au monde

Chambre d'hôte dans un cadre idyllique en pleine nature. Cerise sur le gâteau, la cuisine de Pauline est réputée dans toute l'île, ce qui vous évitera de prendre le volant après un apéro et une bouteille de patrimonio.

▸ **À Murato** (pas loin de la célèbre église) ; 04 95 37 64 39 ; lafermedecampodimonte.fr

Domaine de Panciarella

Villas de charme

Là, on est dans le zen glamour. Un vallon verdoyant cerné par le maquis et, dispersées dans le domaine, trois bergeries de pierre aménagées en villas de charme. On a même une piscine à disposition. Le tout à quelques encablures de Saint-Florent si on a envie d'un peu d'animation.

▸ **À Saint-Florent**, route de San Griolo ; 04 95 37 19 24 ; domaine-panciarella.com

Casa Maria

Village perché

Dans le village historique de Nonza, perché en nid d'aigle sur des falaises abruptes, se cache une petite adresse pleine de charme. La décoration, le choix du mobilier, le petit déjeuner sur une terrasse idyllique et la vue depuis les chambres font de la Casa Maria un véritable havre de paix.

▸ **À Nonza** ; 04 95 37 80 95 ; casamaria-corse.com

Latu Corsu

Tout au nord

Cette chambre d'hôte à la pointe du Cap Corse a tout pour plaire et possède le charme sauvage d'un bout du monde. Au cœur d'un petit hameau, vous y trouverez le repos que vous attendez loin du tumulte des plages encombrées. Des chambres à la déco soignée et un petit déjeuner royal !

▸ **À Ersa**, hameau de Poghju ; 06 16 10 70 70 ; cote-corse.fr

OÙ MANGER ?

La Vela d'Oro

Ce restaurant de poissons et de fruits de mer est un peu caché dans les ruelles de Macinaggio, mais ça vaut le coup de chercher un peu : un jardin tranquille vous attend ! Dans les assiettes, des recettes éprouvées depuis trois générations : du classique, du frais et du local, comme par exemple une salade de poulpe, des pâtes à la langouste ou le pastizzu de la grand-mère. C'est pas le resto le moins cher de la ville, mais ça devrait vous plaire.

▸ **Marine de Macinaggio** ; 04 95 35 42 46.

L'Auberge du Pêcheur

L'ikejime, ça vous parle ? C'est une technique japonaise de pêche qui consiste à occire le poisson dès sa sortie de l'eau pour lui conserver toutes ses qualités gustatives. Damien Muller maîtrise. Sur son bateau, il ne pêche que le thon et l'espadon, à la ligne uniquement : préservation des stocks oblige. Tout ça pour finir dans les assiettes du resto qu'il a ouvert dans la maison où il a grandi. Le plat Wow ? Le steak de thon rouge Rossini (coiffé de foie de lotte). Et les sushis aussi : préparés par Miyagawa Naoyuki, un maître japonais. Ne venez pas dîner en short et en tongs, l'endroit est plutôt chic.

▸ **À Saint-Florent**, route de Bastia ; 06 24 36 30 42 ; aubergedupecheur.net

La Cabane du Lodu

La paillote d'Hervé est un must des Agriates. Franchissez la porte (en vrai, elle est juste plantée au milieu de rien, une idée d'Hervé qui a été décorateur dans une première vie) et attablez-vous sous les pins, au-dessus de la plage du Lodu, pour déguster des gambas grillées, une recette familiale. Ensuite ? Une tite sieste dans un hamac mis à disposition. N'oubliez pas de prendre des sous : le terminal CB n'est pas encore arrivé jusque-là.

▸ **Plage du Lodu** ; 06 66 01 79 54 ; lacabanedulodu.com

U Paisanu

Une ruelle du vieux Bastia au-dessus du port : il faut dénicher ce coin qui ne paie pas de mine. On pousse la porte et c'est toute la Corse gastronomique sagement rangée sur les étagères : charcuterie, fromages, douceurs diverses et variées, vins... Une petite faim ? On grimpe à l'étage pour s'installer à l'une des six tables et s'attaquer au menu du jour 100 % locavore.

▸ **À Bastia**, 9, rue Monseigneur Rigo ; 07 84 11 03 32 ; upaisanu.com

La Vista

LA terrasse à ne pas manquer à Saint-Florent : vue sublime sur le golfe et rendez-vous immanquable pour un apéro-tapas au coucher du soleil dans une ambiance musicale plutôt latino.

▸ **À Saint-Florent**, place Doria ; 07 72 29 27 50 ; Facebook : lavista.saintflorent

ON RAMÈNE QUOI ?

A Tinella

Le meilleur des fromages de Corse (et d'ailleurs). On y trouve plus de 200 références, à emporter ou à déguster sur place.

▸ **À Bastia**, 15, rue Napoléon ; 04 95 33 70 57 ; Facebook : atinella2b

La carte digitale pour retrouver toutes nos adresses, activités et visites.

Concept Store Mattei

Pour rapporter une bouteille de l'apéritif emblématique de la Corse : le Cap Corse, élaboré depuis 1872 selon une recette aux secrets jalousement gardés (du muscat du Cap, du quinquina et… secret on vous dit). La boutique elle-même vaut le détour : l'intérieur est resté dans son jus de 1872.

▸ **À Bastia**, 15 bd du Général-de-Gaulle ; 04 95 32 44 38
distilleriemattei.com

Terra di Catoni

Un beau domaine du Cap Corse, qui produit des vins et de l'huile d'olive bio de grande qualité. Trois points de vente existent dans le Cap pour acheter et/ou s'attabler : à Erbalunga, à Macinaggio et à Porticciolo (à mi-chemin des deux premiers), avec sa belle terrasse sur la mer.

▸ terradicatoni.com

Clos Paoli

Dans ce petit domaine familial, on produit le muscat avec des méthodes traditionnelles. Les grappes sont cueillies à la main, puis mises à sécher au soleil sur la terrasse de la maison familiale (passerillées on dit quand on est pro), avant d'être vinifiées et passées en barrique pendant un an. Le muscat du Cap Corse dans toute son authenticité.

▸ **À Morsiglia** ; 04 95 35 64 79
clos-paoli.com

Il est où le plus beau port du Cap ?

Erbalunga sera forcément dans le best of des marines (c'est comme ça qu'on appelle les ports par ici). Mais aussi **Centuri**, premier port de Corse pour la pêche à la langouste. Sur les terrasses autour du bassin où sont amarrés les pointus, on les propose à toutes les sauces. À choisir, attablez-vous à celle du Langoustier (lelangoustier.com), pour sa vue imprenable sur les bateaux. Et puisque vous êtes là, montez jusqu'au hameau de Cannelle : en tout et pour tout, une rue unique avec ses passages voûtés, ses jardins, ses belles maisons de pierre et ses vues sur la côte. D'accord, ce n'est pas une marine, mais ça vaut le détour, non ?

LES FROMAGES CORSES, ILS SONT COMMENT ?

Il y en a pour tous les goûts : des doux et des plus… corsés, mais toujours avec les saveurs du maquis. On vous donne des adresses, cherchez bien. Pour les plus aventureux : testez le casgiu merzu, ensemencé avec… des larves.

MON COPAIN EST ALLERGIQUE AU SOLEIL, ÇA CRAINT ?

Hélas, oui. Emmenez-le plutôt en Finlande, en hiver bien sûr ! Coup de chance d'ailleurs, on a aussi fait un guide dessus, si jamais !

On est venus avec des enfants, on fait quoi ?

Pas de panique, on a ce qu'il vous faut. Au hasard, aller faire un tour à la plage, monter au sommet d'une tour génoise, pagayer sur un kayak le long de la côte des Agriates, rencontrer une fermière pour savoir comment on fait le fromage, visiter le musée de Bastia (non, là, on rigole).

La liqueur de myrte, c'est aussi fort que ça ?

Tout dépend. Un petit verre en digestif, ça passe tout seul. Mais si vous vous lâchez, vous risquez de finir par chanter a cappella, la main sur l'oreille.

Un petit festival ?

Si vous êtes dans le coin en septembre, faites un tour au **Festival Ribellazione** organisé par le groupe Slow Food de Corse, dont Pierre-François Maestracci est le chef de file. Les mots d'ordre ? Musique, gastronomie, débats. Un bien beau programme qui n'oublie pas non plus la défense de l'environnement et de l'autonomie alimentaire !

▸ **+ d'infos** : Instagram : @slowfoodcorsica

Ça mousse ?

Carrément, car on trouve aussi de sacrées bières au pays du vin. Au cœur de l'appellation Patrimonio, Pierre-François Maestracci a eu l'audace de lancer la brasserie Ribella, qui produit des bières 100 % locales (bon, 95 %) et 100 % bio à partir d'ingrédients du terroir : de l'eau de source, de l'orge (mais pas que) cultivé dans la plaine orientale et du houblon d'une variété que l'on trouve à l'état sauvage dans le maquis. Résultat, des créations 200 % originales, comme La Fille de Joie (abricot, romarin) ou l'Immurtale (à l'immortelle), sans oublier la Ribella Ribella, une lager qui figure à la carte du célèbre George V parisien. Plus pointue ? La Mer à Boire, une stout à l'oursin (si, si !!). Pour les goûter, direction la brasserie à Saint-Florent ou la Taberna Ribella, place du Marché, à Bastia.

▸ **+ d'infos** : biereribella.com

UNE PETITE ENVIE DE PATRIMOINE ?

Une petite balade à pied dans le village de Patrimonio s'impose. Un pavillon de pierre abrite l'ancêtre du village : U Nativu, une statue-menhir qui daterait du 8e siècle avant notre ère. On grimpe ensuite jusqu'à l'église Saint-Martin, pour son intérieur baroque (si c'est ouvert), mais surtout pour la vue sur les vignobles et la mer.

LA SIESTE, C'EST OBLIGÉ ?

À vous de voir. Mais crapahuter en plein soleil à 2h de l'aprèm, y a qu'un pinzutu (un Français du continent, si vous préférez) pour faire ça.

QU'EST-CE QU'IL FAUT IMPÉRATIVEMENT GOÛTER ?

En vrac : les confitures de cédrat du Cap, du fromage à A Tinella à Bastia, un patrimonio du Clos Taddei, une glace de chez Salge à Saint-Florent.

▸ Tout se trouve entre les pages de ce guide : prêt pour le jeu de piste ?

LES CORSES, ON LES TROUVE OÙ ?

Sur les terrasses de la place Saint-Nicolas de Bastia, sur les terrains de pétanque de Saint-Florent, dans les fermes-auberges où les propriétaires vous ouvriront grand leur domaine, dans les petits cafés de village et au Bazar alternatif de Rogliano... Et nulle part en été pendant la sieste.

LA BALAGNE

ÇA VOUS GAGNE

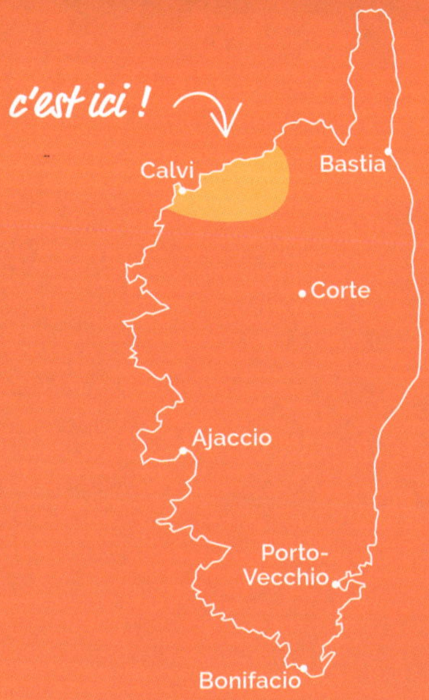

Bienvenue en Balagne, région bénie des dieux avec ses vergers fertiles, ses fermes-auberges et restaurants en circuit court, ses villages perchés, ses plages et ses criques... Sans oublier son attachant Trinichellu, le petit train corse, qui serpente le long des côtes...

CE QUI VOUS ATTEND...

La région en un coup d'œil 66
Best of 68
La Balagne côté maquis 72
La Balagne côté mer 74
La Balagne côté balades 76
Le Trinichellu 78
Itinéraire gourmand 80
Nos super adresses 82
FAQ 84

◁ Le village perché de Speloncato

LA BALAGNE EN UN COUP D'ŒIL

Empruntez un itinéraire gourmand p. 80

BEST OF

1. Prenez de la hauteur au-dessus du village perché de Lama
2. Laissez votre empreinte sur la plage vierge de l'Ostriconi
3. Montez à bord du Trinichellu et plongez dans la grande bleue
4. Goûtez à la gastronomie à l'*usu corsu* dans un village perdu
5. Découvrez les plus belles créations du terroir à Occhiatana
6. Percez tous les secrets des olives à Belgodère

1 LAMA

Prenez de la hauteur au-dessus du village perché de Lama

Et si vous empruntiez un ancien chemin de transhumance, histoire de voir un village perché d'en haut, comme un oiseau ? C'est exactement ce que propose le sentier du patrimoine de Lama. Faufilez-vous entre les *palazzi* à l'italienne et les passages voûtés avant de grimper sur les flancs du Monte Asto qui culmine à 1533 m. Un grand bol d'air au milieu du maquis ! Vous verrez, le village se fait tout petit… et la vue sur la Méditerranée grandiose ! (p. 77)

2 PLAGE DE L'OSTRICONI

Laissez votre empreinte sur une plage vierge

Vous avez un peu l'âme d'un explorateur ? Alors cette randonnée est faite pour vous ! Il faut près de 1h pour rejoindre les dunes de la plage de l'Ostriconi, mais la beauté intacte du site vous fera vite oublier l'effort ! Sur le chemin, roches rouges, figuiers de Barbarie… et un seul « obstacle » à franchir, une barrière que vous devrez ouvrir. Enfin arrivé, le sable s'offre à vous : farniente mérité !

▸ **+ d'infos :** de Calvi, prenez la direction de Saint-Florent et de Bastia puis, après une quinzaine de kilomètres, dépassez le parking classique de la plage de l'Ostriconi et garez-vous plutôt 2 km plus loin sur la gauche, au niveau du domaine de l'Ostriconi. Il n'y a plus qu'à suivre le sentier !

3 CALVI

Montez à bord du Trinichellu et plongez dans la grande bleue

Tout le monde l'appelle ici le Trinichellu : entre Calvi et L'Île-Rousse, le petit train corse serpente au plus près de la côte, un véritable sentier du littoral ferré ! Ne cherchez pas meilleure alternative pour longer le bord de mer aussi près… Aucune route ni aucun sentier de randonnée ne fait mieux ! C'est un vrai tramway des plages, rétro et ronronnant avec ses 14 arrêts, tous facultatifs (n'oubliez pas de demander l'arrêt au conducteur). Il ne vous reste plus qu'à prendre vos affaires de plage, mais tenue correcte exigée à bord !

+ d'infos : train-corse.com

4 PIOGGIOLA

Goûtez à la gastronomie à l'*usu corsu* dans un village perdu

Une envie de calme et d'isolement ? Si vous aimez les maisons qui ont gardé leur patine, n'hésitez pas une seconde et foncez à Pioggiola, dans la région du Giussani. Vous y trouverez **A Merendella**, un chalet-restaurant situé à 1 100 m d'altitude dont la gastronomie est à l'*usu corsu*, c'est à dire dans la tradition corse. Installez-vous sur la terrasse et régalez-vous de canelloni au brocciu, de migliaccioli, de charcuterie et de fromages du cru en profitant d'une vue grandiose sur la Balagne et de couchers de soleil mémorables.

▸ **+ d'infos :** à Pioggiola, col de Battaglia (D 63) ; 06 23 24 93 65 ; av.-oct mar.-dim. 11h30-17h ; juill.-août 9h30-fin du service du soir non stop.

5 OCCHIATANA

Découvrez les plus belles créations du terroir de Balagne

Vous voulez une preuve que la Balagne est un pays de cocagne ? Réservez une table à l'auberge de Tesa et vous comprendrez. Henri et Sophie savent prendre le temps pour leurs hôtes et parlent avec passion de leur terroir. Et pour cause ! L'huile d'olive est produite à 2 km, les fruits et légumes viennent du maraîcher en bio Jean-Luc Géromini, le fromage de chèvre de la famille Volpei mature un peu en amont dans la vallée et les herbes sont ramassées par les propriétaires eux-même. Plus local (et délicieux), y a pas !

▸ **+ d'infos :** aubergedetesa.fr ; 06 03 29 72 44.

6 BELGODÈRE

Percez tous les secrets des olives (ou presque)

Quand Rose parle d'olives, elle est intarissable. Vous connaissez les différences entre les variétés picholine, germaine et sabine ? Et celles entre les techniques de récolte à la gaule et avec un filet ? La propriétaire de l'oliveraie de Pietra Macchja, fière d'être paysanne, vous répond au-delà de vos espérances. Et pour parfaire vos connaissances, rien de mieux qu'une dégustation de ses huiles d'olive. Pas de sessions de formation particulières, Rose aime parler de son métier et elle aime transmettre. Passez un coup de fil avant de venir !

▸ **+ d'infos :** Rose Hubert, domaine de Pietra Macchja, vallée du Regino (D113) ; 06 03 29 72 44 ; de mai à oct tlj 10h-12h et 17h-20h.

LA BALAGNE CÔTÉ MAQUIS

L'arrière-pays de la Balagne, ce sont des villages perchés... mais pas seulement ! Des routes pleines de charme, des vues à couper le souffle et des randonnées dans une nature intacte vous attendent de pied ferme.

LAMA

Cinéphile jusqu'au bout des ongles !

Non seulement le village de Lama accueille tous les étés un festival du cinéma depuis 1994, mais il propose aussi des projections gratuites toute l'année (un dimanche par mois). Une expérience forcément 5 étoiles puisque certaines séances sont en plein air...

▸ **+ d'infos :** festilama.org

CALENZANA

C'est ici que tout commence... ou que tout finit !

Les deux plus célèbres sentiers de randonnée corses, le GR®20 et le Mare è Monti, partent de Calenzana (le village abrite d'ailleurs la maison du GR®20). Si vous faisiez une petite dégustation sur place, avant d'entamer votre périple ? Ici, les vins sont réputés et le fromage qui porte le nom de la localité (à pâte molle et à base de lait de chèvre ou de brebis) est parfait accompagné d'une confiture de figue, ou de figues fraîches, carrément ! Par exemple, chez Barthélemy et Jessica Guidoni : ici, tout est local, et le spot se trouve au milieu d'une oliveraie. Y a pire !

▸ **+ d'infos :** J & B Guidoni ; rue François-Mariani ; 06 77 07 17 76

BOCCA DI BATTAGLIA

La plus belle vue de Balagne

D'abord, il faut commencer par un passage obligé par le séduisant village de Speloncato, accroché sur un piton rocheux. Il faut ensuite enchaîner les lacets (à vélo, c'est mieux !)... Mais quelle vue quand on arrive au sommet du col, à 1103 m d'altitude ! D'un côté, la Balagne qui s'ouvre sur la mer, et de l'autre, le Giussani qui regarde les hautes montagnes. Deux mondes réunis : c'est ça, la Balagne.

Infos pratiques

Départ : Gare de Regino

Arrivée : Bocca di Battaglia (col de la Bataille)

Durée : 1h30 à vélo (17 km)

Difficulté : moyenne

SANT'ANTONINO

Le plus perché de tous les villages de Balagne ! Les maisons sont bâties sur un nid d'aigle granitique à 500 m d'altitude. Vue à 360° au sommet !

▶ GORGES ET FORÊT DE LA TARTAGINE

Pins et baignade

Une soudaine envie de solitude ? Suivez la route en impasse qui traverse le Giussani jusqu'à la maison forestière, par le sentier de découverte : humez l'odeur des grands pins laricio et rafraîchissez-vous dans les eaux de la rivière Tartagine.

Infos pratiques
Départ : Maison forestière de Tartagine
Arrivée : Pont génois
Durée : 2h
Difficulté : facile

▶ FORÊT DE BONIFATO

L'appel de l'aventure

Vous êtes amateur de sites grandioses, de sensations fortes ou d'escalade ? Remontez la rivière Figarella sous les pins centenaires, jusqu'au refuge de Carrozzu (4h30 AR) : levez les yeux et admirez le cirque et sa muraille de pierres géante. Vous en voulez encore ? Traversez alors la passerelle suspendue de Spasimata... ambiance Himalaya garantie !

Infos pratiques
Départ : Maison forestière de Bonifato
Arrivée : Passerelle de Spasimata
Durée : 5h20 ; **Difficulté :** difficile

▶ PIGNA

Offrez-vous un concert

Passage indispensable pour les mélomanes : le cœur du village de Pigna abrite l'auditorium du Centre national de création musicale, à l'acoustique exceptionnelle... et à la programmation 100 % corse (ou presque !).

▸ **+ d'infos :** voce.corsica

LA BALAGNE CÔTÉ MER

Nos six spots préférés !

De ce côté, c'est le visage le plus connu de la Balagne : une succession de plages et de citadelles historiques. Demandez le programme !

1 PLAGE DE L'ALGA

Spot façon crique

Cette crique est nichée au creux du golfe de la Revellata. Impossible de rester insensible à ses eaux turquoise et aux collines couvertes de maquis alentour...

▸ + **d'infos :** à 4 km O de Calvi par la D81B

2 POINTE DE SPANO

Spot du soir

Une petite plage paradisiaque cernée par de grands blocs de granit. Les couchers de soleil sont inoubliables. Les levers aussi !

▸ + **d'infos :** prenez la direction de Sant Ambroggio, et tournez à gauche aux abords de la voie ferrée. Poursuivez ensuite votre route jusqu'au parking Punta Spano.

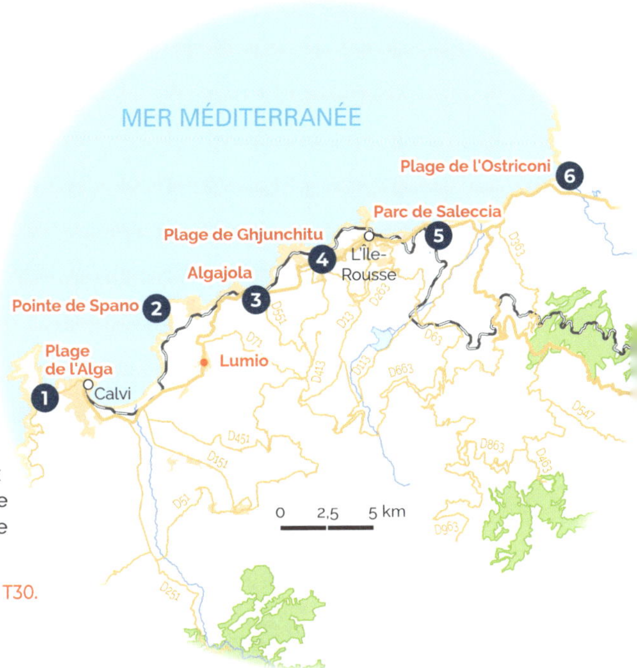

3 ALGAJOLA

Spot familial

Une vieille citadelle bâtie sur un éperon rocheux qui s'avance dans la mer et, en contrebas, la longue plage de sable d'Aregno, prisée des familles car elle a tous les ingrédients pour plaire !

+ d'infos : à 8 km S-O de l'Île-Rousse par la T30.

4 PLAGE DE GHJUNCHITU

Spot imprononçable

Une orthographe audacieuse, des eaux claires et peu profondes, un paysage de maquis tout autour… et moins de monde que chez sa voisine Brodi !

▸ **+ d'infos :** à 4 km O de l'Île-Rousse par la T30.

5 PARC DE SALECCIA

Spot bucolique

Ouvrez grand vos narines et humez les odeurs du maquis corse. Cette ancienne propriété agricole a été magnifiée en jardin méditerranéen par le paysagiste et pépiniériste Bruno Demoustier. Chapeau l'artiste !

▸ **+ d'infos :** parc-saleccia.fr

6 PLAGE DE L'OSTRICONI

Spot sauvage

Une large bande de sable, de grandes dunes qui s'étendent à l'arrière… Bienvenue sur la plage la plus sauvage de Balagne, porte d'entrée du désert des Agriates. Amis nageurs et surfeurs, attention aux vagues par vent fort !

▸ **+ d'infos :** à 15 km E de l'Île-Rousse par la T30.

LUMIO

Montez au pied du haut campanile et prenez le temps d'apprécier les 1001 détails de la baie de Calvi : regardez, elle s'offre à vous. Envie d'aller plus haut au cas où la vue serait encore plus belle ? Grimpez jusqu'au village abandonné d'Occi, ça ne vous prendra qu'une petite demi-heure. Et votre intuition était la bonne : c'est encore plus impressionnant !

LA BALAGNE CÔTÉ BALADES

Un petit tour et puis s'en vont... (mais nous on reste, c'est trop beau)

Voilà quatre propositions de boucles, pour prendre un peu de hauteur (ou pas) ! Que ce soit au départ de L'Île-Rousse, de la plage d'Ostriconi, de Calvi ou de Lama, vous trouverez forcément chaussure (de rando) à vos pieds !

1 AUTOUR DE L'ÎLE-ROUSSE

Voir rougir les rochers

Rassurez-vous, vous n'aurez pas besoin de nager pour rejoindre l'île de la Pietra et son phare depuis L'Île-Rousse ! Eh non, car elle est reliée artificiellement à la Corse par la digue qui accueille les navires. L'embarcadère, pourtant si près, paraît bien loin quand on monte jusqu'au sommet du phare… Et au couchant, vous verrez toute L'Île-Rousse rougir. Photos souvenirs inratables !

Infos pratiques

Durée : 50 min (3,6 km)

Départ : Centre de L'Île-Rousse (pl. Pascal-Paoli)

Difficulté : Facile

2 AUTOUR DE LA PUNTA LIATOGHJU

Parfums d'embruns et de maquis

Vous trouvez qu'une belle plage préservée ne se mérite qu'après un effort digne de ce nom ? Alors, la boucle de 3h qui culmine avec l'ascension de la Punta Liatoghju et ses 222 m est faite pour vous ! Au sommet, humez l'odeur du maquis et admirez la vue sur la plage de l'Ostriconi qui vous attend… Embruns et farniente seront votre récompense !

Infos pratiques

Durée : 3h (boucle de 5,6 km)

Départ : Sur la T30, au niveau du magasin Les Jardins de Piedi Mela (« jardins de l'Ostriconi »)

Difficulté : Moyenne

3 DANS CALVI

Se perdre dans la citadelle de Calvi…

…et tomber sur les traces de Christophe Colomb ! Saviez-vous que le grand explorateur génois serait peut-être né ici ? Possible, vu que la citadelle était un bastion fidèle à la république de Gênes. Peu importe si c'est vrai ou non, on s'égare volontiers dans son petit dédale de ruelles et de bastions panoramiques. N'ayez crainte, vous retrouvez toujours votre chemin, il n'y a qu'une seule porte pour y entrer et en sortir !

Infos pratiques

Durée : 1h (2h en comptant les visites)
Départ : Centre de Calvi (av. de l'Uruguay, en face du monument aux morts) ; suivez l'itinéraire balisé
Difficulté : Facile

4 AUTOUR DE LAMA

Petite ou grande ascension muletière ?

Vous vous sentez plutôt « grand sportif » ou « balade paisible » aujourd'hui ? Au village de Lama, vous pourrez sonder votre humeur du jour sur d'anciens chemins muletiers : pour les uns, le sentier de découverte propose une marche de 2h et un dénivelé inférieur à 200 m ; pour les autres, l'ascension jusqu'au sommet du Monte Asto (1535 m, avec 1000 m de dénivelé) offre un panorama à 360° sur la Balagne, le désert des Agriates, le cap Corse et les plus hauts sommets de l'île de Beauté… Si vous changez d'humeur en chemin, ne vous inquiétez pas, les deux sentiers se confondent au début du parcours !

Infos pratiques

Sentier de découverte :
Durée : 2h
Départ : Église de Lama
Difficulté : Facile

Ascension du Monte Asto :
Durée : 6h AR
Difficulté : Difficile

REFUGE DE PRUNINCU

Le Trinichellu

UN TRAMWAY NOMMÉ BALAGNE

22 km de pur bonheur ! Entre L'Île-Rousse et Calvi, le Trinichellu, petit train corse aux allures vintage (et à l'allure vintage aussi : 25 km/h max !), joue à passer au plus près de la côte et des plages : on a presque l'impression de toucher le sable et la Méditerranée ! Un voyage inoubliable... à condition de prévoir vos affaires de plage et de signaler votre arrêt au contrôleur !

1 Arrêt « Botri » (Bodri)

Plages de Bodri et de Ghjunchitu

Le premier arrêt en partant de L'Île-Rousse se trouve juste en face de la grande plage de Bodri... et le sable n'est qu'à 100 m des rails ! Spot idéal pour les familles : il est complètement abrité du vent. S'il y a trop de monde, marchez un peu à l'ouest jusqu'à la plage de Ghjunchitu, un peu moins fréquentée.

2 Arrêt « Aregnu » (Aregno)

Plage d'Aregno

Le train ne pourrait pas passer plus près de la plage ! Quand on descend, il suffit de traverser la petite route et on tombe directement sur les 2 km de sable de la plage d'Aregno, avec tout le confort possible (restaurants, location de chaises longues et de parasols). Arrêt alternatif à « Algaghjola » (1 km plus loin), si vous préférez visiter la citadelle avant le farniente...

3 Arrêt « Ghjorghju » (Giorgio)

Plage de Ghjorghju

Sans aucun doute le plus bel arrêt du parcours ! Aucune route ni aucune construction à l'horizon… Descendez le petit chemin sur 200 m et vous arriverez sur la plage de Ghjorghju, qui forme une petite crique avec ses 20 m de fin gravier. Masque et tuba indispensables !

4 Arrêt « Santa Restituda » (Sainte-Restitude)

Plage de Sainte-Restitude

Une petite plage de charme cernée par les rochers, qui s'étend sur une centaine de mètres, avec en bonus une petite paillote. C'est beau, c'est simple, c'est Balagne quoi !

5 Arrêts « Calvi »

Plage de Calvi

La plus grande plage de Balagne est desservie par quatre arrêts (dont trois avec accès PMR) ! Avec ses 5 km de sable blanc, c'est la mieux équipée de la région et elle est joliment bordée par une grande pinède. À vous de choisir l'arrêt qui vous fait de l'œil !

▶ + **d'infos :** balagne-corsica.com

INFOS PRATIQUES

Le train de Balagne (officiellement le « Périurbain de la Balagne ») fonctionne toute l'année, avec une desserte renforcée en saison, les week-ends et jours fériés. Pour le tarif, la ligne est découpée en trois tronçons, chaque tronçon emprunté coûtant 2 €. Le prix du billet AR vaut donc de 4 € à 12 € selon le trajet parcouru.

▶ + **d'infos :** train-corse.com

ITINÉRAIRE GOURMAND DES PRODUITS CORSES

Partez à la conquête de l'arrière-pays ! Huiles d'olive bio, amandes et crottins de chèvre : cet itinéraire gourmand parcourt d'ouest en est les 1000 saveurs de la Balagne. À partir du bord de mer, vous atteindrez le plus haut point de la région en vous délectant tout au long du chemin. L'appétit vient en voyageant !

1 • L'ASTRATELLA

Immortelle, grain de clémentinier, pin laricio, genévrier nain... la flore corse est ici à l'honneur ! Depuis plus de deux décennies, Noëlle et Milou distillent elles-mêmes une dizaine d'essences locales (qu'elles ramassent elles-mêmes pour la plupart) pour produire des huiles essentielles bio, des hydrolats et des huiles de massage. Et comme les valeurs familiales ne sont pas ici de vains mots, leurs enfants Lisandru, Lilla et Maria prennent peu à peu la relève.

▸ **+ d'infos :** À Lumio, lieu-dit Pastricciola ; astratella.com

2 • MARCHÉ DE PRODUCTEURS DE LUMIO

Vous aimeriez rencontrer directement les meilleurs producteurs balanins (oui, c'est comme ça qu'on dit) ? Et vous avez une préférence pour le bio et tout ce qui n'est pas traité ? Alors, c'est à Lumio que ça se passe ! Vous trouverez ici les légumes et l'huile d'olive d'Emmanuelle Fondacci, les confitures d'Évelyne Vietto, les miels d'Arnaghju di u Picciu, le vin de Brigitte Bertrand-Orsini... Mais aussi les bijoux et les pierres d'Agnès ou encore les bonbons d'Axou Confiserie. Et quel cadre pour faire ses emplettes avec la place de l'Église qui offre une vue panoramique sur le golfe de Calvi !

▸ **+ d'infos :** sur le parking en contrebas de l'église ; d'avr à fin oct les mercredis 8h30-12h

3 • DOMAINE MAESTRACCI

Elles se cachent derrière un long muret en pierre, invisibles depuis la route : les vignes de Camille-Anaïs Raoust s'épanouissent dans la vallée du Regino, sous le regard du village de Sant'Antonino. Cette vigneronne (la 5ᵉ génération de la famille) a converti le domaine en agriculture bio et en biodynamie, et s'occupe elle-même des visites et des dégustations. Les cépages locaux sont ici à l'honneur (niellucciu et sciaccarellu) : testez en particulier le rouge E Prove, aux notes de fruits des bois et vieilli en fût de chêne ou la prestigieuse cuvée Villa Maestracci, qui fleure le cacao et les fruits noirs. Santé !

▶ **+ d'infos :** À Feliceto, route de Santa-Reparata-di-Balagna ; domaine-maestracci.fr ; 04 95 61 72 11.

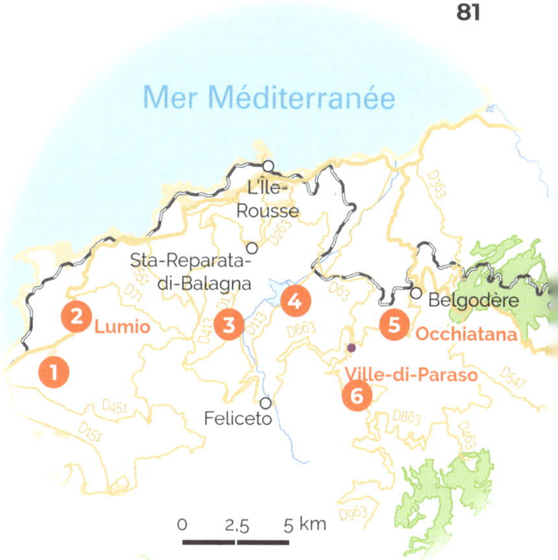

4 • PIETRA MACCHJA HUBERT ROSE

S'occupant avec passion de son domaine depuis plus de trois décennies, Rose produit plusieurs huiles d'olive de caractère (voir p. 71) ainsi que des amandes en bio. Vente sur place. Possibilité de dormir sur place également (voir p. 83).

▶ **+ d'infos :** À Belgodère, vallée du Regino (sur la D113) ; 04 95 61 50 23 ou 06 03 29 72 44.

5 • U CAPRICCIU

Nicolas Volpei (ex-mécanicien de véhicules sportifs) et sa femme Cyrielle (ex-restauratrice) n'avaient pas forcément prévu de reprendre l'exploitation familiale… Mais la réputation du père Germain Volpei méritait bien un changement de carrière. Le brocciu et le crottin de chèvre au lait cru sont tout simplement extras ! Espace de vente à l'intérieur de l'exploitation.

▶ **+ d'infos :** À Occhiatana ; 06 08 09 69 68 ; Instagram : @u_capricciu

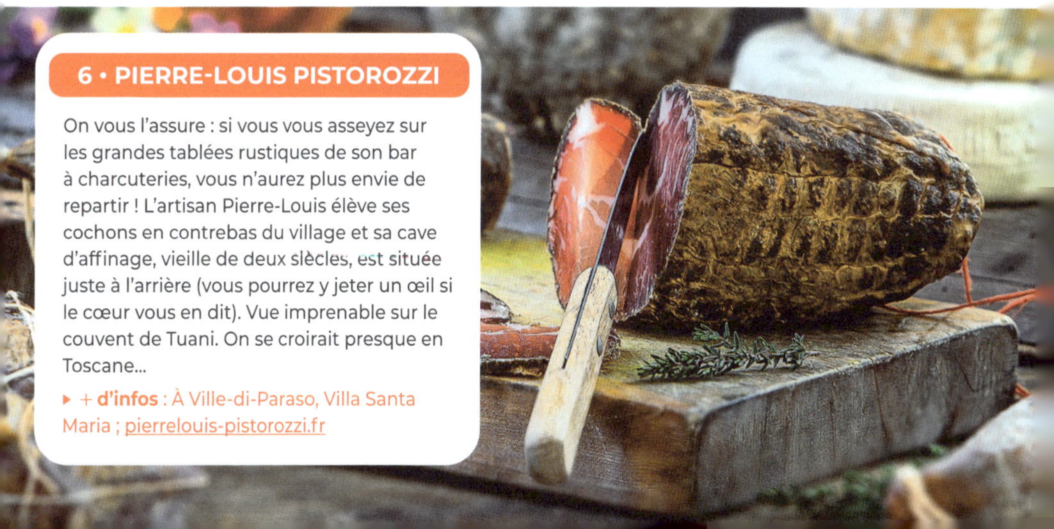

6 • PIERRE-LOUIS PISTOROZZI

On vous l'assure : si vous vous asseyez sur les grandes tablées rustiques de son bar à charcuteries, vous n'aurez plus envie de repartir ! L'artisan Pierre-Louis élève ses cochons en contrebas du village et sa cave d'affinage, vieille de deux siècles, est située juste à l'arrière (vous pourrez y jeter un œil si le cœur vous en dit). Vue imprenable sur le couvent de Tuani. On se croirait presque en Toscane…

▶ **+ d'infos** : À Ville-di-Paraso, Villa Santa Maria ; pierrelouis-pistorozzi.fr

NOS *Super* ADRESSES

POINTS DE CHUTE

CALVI

Citadelle six fois centenaire dressée sur un éperon rocheux, Calvi est réputée pour sa marina et sa plage (la plus longue de Balagne !), mais, si vous creusez un peu, vous verrez que cette capitale officieuse de la Balagne a bien d'autres atouts. En plus, vous aurez le choix en terme de restaurants et d'hébergements. Si vous venez hors saison, ce point de chute est celui qui reste le plus animé de la région.

L'ÎLE-ROUSSE

Cité fondée par Pascal Paoli et principal port de la Balagne, elle doit son nom aux roches qui rougissent à la lumière du soleil. Seule ville de Balagne avec Calvi (sinon, il n'y a que des villages !), c'est donc un autre point de chute à privilégier, d'autant plus que la plage est située en plein centre-ville et qu'on y trouve de nombreux transports pour rayonner dans la région (train et bus).

RÉGION DU GIUSSANI

Si vous aimez les villages perchés, vous aurez l'embarras du choix en Balagne… à condition d'avoir une voiture ! Corbara, Pigna, Calenzana et Lama font de belles étapes. Mais si vous aimez le silence absolu, passez le col de la Bocca di Battaglia (panorama extraordinaire) et entrez dans le Giussani, avec son cirque de montagnes époustouflant, ses villages figés dans le temps et ses arbres centenaires par milliers. Un autre monde !

OÙ DORMIR ?

Chez Muriel

Un amour d'impasse

Les trois appartements aménagés par Muriel, architecte de formation, se cachent derrière un passage voûté, au cœur de Corbara. Ici, pas besoin de clim : les vieilles pierres conservent la fraîcheur en été, avec leurs murs couverts de chaux. Jolie déco avec des meubles de seconde main et rien ne manque côté équipement. Un des trois logements possède un petit jardin privatif planté d'un grand bougainvillier. Quand écoresponsabilité rime avec authenticité.

▸ **À Corbara ;** 06 86 67 43 27.

Casa Franceschi

Patine et passion corse

La maison de village de Claudia a gardé sa patine et son charme d'antan. Vous aimerez son art de la rénovation et vous sentirez la passion qui anime cette Allemande pour son île.

▸ **À Pioggiola,** Carchisalti ; 04 95 57 84 68.

A Muvrella

Détox et oxygénation

Située à 800 m d'altitude dans la vallée du Giussani, cette maison d'hôte met l'accent sur le bien-être, avec une mention spéciale pour les repas concoctés par Flavie, naturopathe.Parfait pour se régénérer avant de crapahuter dans la montagne, à pied ou…

à deux roues, car il y a des vélos électriques à disposition.
▸ **À Pioggiola,** 4, U Pianacciu ; a-muvrella.com

Pietra Macchja

Simplicité et oliveraie

Pour du camping avec vue, direction les emplacements de Rose Hubert, avec douches chauffées au solaire et cuisine extérieure. Pour plus de confort, réservez la cabane en bois (avec salle de bains, toilettes sèches et terrasse) ou les deux chambres d'hôte aménagées dans l'ancienne bergerie (terrasse privative).
▸ **À Belgodère,** Pietra Macchja, route de Regino, (sur la D113) ; 04 95 61 50 23.

Chez Karine

Petit déj panoramique

Vous arrivez tard ? Pas d'inquiétude, Karine vous reçoit à toute heure du jour et de la nuit. C'est même mieux en arrivant de nuit, car la surprise n'en sera que plus grande au réveil : la vue sur les aiguilles de Popolasca et le Monte Padro est magique ! Le petit déj aussi est inoubliable : fruits corses, miel récolté par le facteur du village, confitures maison...Sans oublier les délicieux canistrellis faits par Karine elle-même !
▸ **À Pietralba,** hameau de Pedano ; 06 23 50 89 00.

La carte digitale pour retrouver toutes nos adresses, activités et visites.

Hôtel Saint-Érasme

Écolo et vue sur mer

L'engagement écoresponsable de cet hôtel n'est plus à faire ! La preuve ? Il a décroché la clé verte et a obtenu la meilleure note (A) pour son impact environnemental. Panneaux solaires, détecteurs pour la clim en cas d'ouverture d'une fenêtre, éclairage automatique par LED dans les couloirs, borne de recharge électrique, forage pour les jardins, produits de beauté bio... Sans oublier une très belle vue sur la mer pour la plupart des chambres et une piscine panoramique.
▸ **À Calvi,** route de Porto ; hotel-calvi-corse.fr

OÙ MANGER ?

Auberge de Tesa

Les produits du terroir sont sélectionnés avec le plus grand soin par Henri et Sophie, qui ont repris cette adresse établie dans une ancienne laiterie. Envie de tester le petit déj ? Bonne nouvelle : plusieurs chambres sont aménagées au-dessus du restaurant.
▸ **À Occhiatana,** Tesa ; aubergedetesa.fr

Chez Léon

Le brocciu vient de sa belle-sœur, le sanglier de son frère, le cabri de son beau-frère... Le restaurant de Dumè est une institution familiale de près d'un demi-siècle (oui, oui, c'est sa mère qui l'avait créé). Vous allez adorer les beignets de fromage frais, l'agneau de lait... et la vue plongeante sur la côte ! Le repas finit toujours ou presque au comptoir, en compagnie du patron, maire de Cateri depuis des années.
▸ **À Cateri,** 135, av. de la Corse ; hotel-corse-usandume.com

A Mandria di Pigna

Entrez dans cette bergerie et laissez-vous envahir par la quiétude du maquis. Selon la météo, on dîne près du feu qui crépite ou en terrasse avec vue sur les montagnes. Dans l'assiette : des produits locaux, évidemment !
▸ **À Pigna ;** ouv d'avril à oct ; restaurantpigna.com

L'Assiette du Potager

La maraîchère et oléicultrice Emmanuelle Fondacci et son mari Paul font une bien belle proposition : un séjour dans une de leurs deux tentes-lodges confortables, en pleine nature, et une table d'hôte (juillet-août sur résa) afin de goûter aux produits de leur exploitation bio. Vente directe à la ferme et au marché de Lumio.
▸ **À Santa-Reparata-di-Balagna,** route du Stade ; 06 08 16 64 02.

Restaurant Aux bons amis

Au restaurant de Gilles et Thérésa, vous pouvez goûter les yeux fermés aux poissons et aux fruits de mer réputés (grand vivier à langoustes d'origine corse). En dessert, le sablé à la châtaigne termine joliment le repas !
▸ **À Calvi,** 9, rue Georges-Clemenceau ; ouv d'avril à oct ; 04 95 65 05 01.

FAQ ?

Comment on y va ?

En bateau
Calvi est reliée à Marseille (Corsica Linea), Toulon, Nice et Savone (Corsica Ferries).
▸ ilerousse-port.cci.corsica

et même **en voilier** ! la compagnie Sailcoop propose des liaisons régulières entre Toulon et Calvi, idéal pour limiter son impact environnemental. Un voyage mémorable qui dure entre 16h et 24h, en fonction des conditions météo et de l'humeur du vent.
▸ sailcoop.fr

En bus
Calvi et L'Île-Rousse sont reliées toute l'année avec Bastia (sauf le week-end hors saison).
▸ corsicar.com

En train
La meilleure façon de se déplacer sur le bord de mer balanin ! La région est reliée au reste du réseau ferré corse par la ligne entre L'Île-Rousse et Ponte Leccia (correspondance pour Bastia et Ajaccio).
▸ train-corse.com ; cf-corse.corsica

ON PEUT CIRCULER SANS VOITURE ?

Si vous restez sur la côte, vous n'aurez pas forcément besoin d'un véhicule, le train et les bus pourront suffire. Mais pour rejoindre les villages perchés de l'arrière-pays, seuls quelques-uns sont accessibles en bus (notamment ceux autour de L'Île-Rousse) et ceux qui sont le long de la ligne de chemin de fer (Belgodère, Pascala, Novella, Pietralba).

▸ Bus autour de L'Île-Rousse : abalanina.corsica

C'est par où, l'Amérique ?

C'est plein ouest, à environ 6 500 km. La réponse nous vient d'un illustre habitant de Calvi, un certain… Christophe Colomb ! Il se murmure en effet que le grand explorateur serait né ici en 1451 et y aurait vécu 10 ans. La question n'est pas tranchée, car de nombreuses autres villes se revendiquent comme son lieu de naissance : Gênes, Savone, Barcelone… Légende ou pas, on peut quand même admirer sa prétendue maison natale !

HORS SAISON, C'EST BIEN AUSSI ?

Le printemps et l'automne sont des saisons encore bien agréables en Balagne. Sans oublier que la lumière du mois de décembre est l'une des plus belles. Beaucoup d'établissements ferment en hiver, mais les restaurants les plus réputés restent souvent ouverts. À cette période, l'activité se concentre à Calvi et L'Île-Rousse. Et si les hôtels sont en général fermés, les locations (type Gîtes de France, Airbnb) sont souvent disponibles toute l'année.

DES FESTIVALS À VOIR DANS LE COIN ?

Oui, en particulier le Festival du film de Lama, qui comprend trois sites de projection en plein air au cœur du village (fin juillet-début août).
▸ festilama.org

Vous aimez la musique live ? Le festival Calvi on the Rocks propose des concerts sur la plage début juillet !
▸ calviontherocks.com

Ne manquez pas non plus les concerts organisés par le centre culturel Voce, dans le village de Pigna : toute l'année, vous aurez l'occasion d'entendre les meilleures voix corses.
▸ voce.corsica

Quelles spécialités vous me conseillez de goûter ?

Si vous êtes en Balagne, le fromage de chèvre Calenzana (ou Calinzana, il porte le nom du village de l'arrière-pays d'où part le GR®20) fait à partir de lait de chèvre ou de brebis. Les maraîchers de Balagne sont connus en Corse, ne manquez pas de croquer les fruits et les légumes de la région ! Pour retrouver le meilleur du terroir de la région, direction le marché de producteurs de Lumio.

IL N'Y A PAS UN PEU TROP DE MONDE EN ÉTÉ ?

On va pas se mentir, la saison estivale attire beaucoup de monde en Balagne, en particulier sur le bord de mer. Si vous préférez éviter les foules, n'hésitez pas à prendre la direction de l'arrière-pays : plus on s'éloigne, et plus la tranquillité revient. Et si vous aimez le calme par-dessus tout, la région du Giussani reste merveilleusement paisible, même au cœur de l'été.

Si on aime les activités nautiques, on fait quoi ?

Amateur de surf, de windsurf ou de kitesurf ? La baie d'Algajola est le spot le plus connu de Balagne et l'un des meilleurs de Corse. Mais attention, il faut que les dieux soient avec vous, car les vagues ne sont pas là tous les jours ! Sinon, une plongée dans les fonds marins de Balagne ? C'est aussi dans la baie d'Algajola, et plus précisément sur la plage d'Aregno, que ça se passe : les spots sont situés à seulement une vingtaine de minutes de là.

▸ **Algajola Sport et Nature** ; d'avril à oct ; algajola-sportetnature.com

GOLFE DE PORTO

LA CORSE EN ROUGE ET BLEU

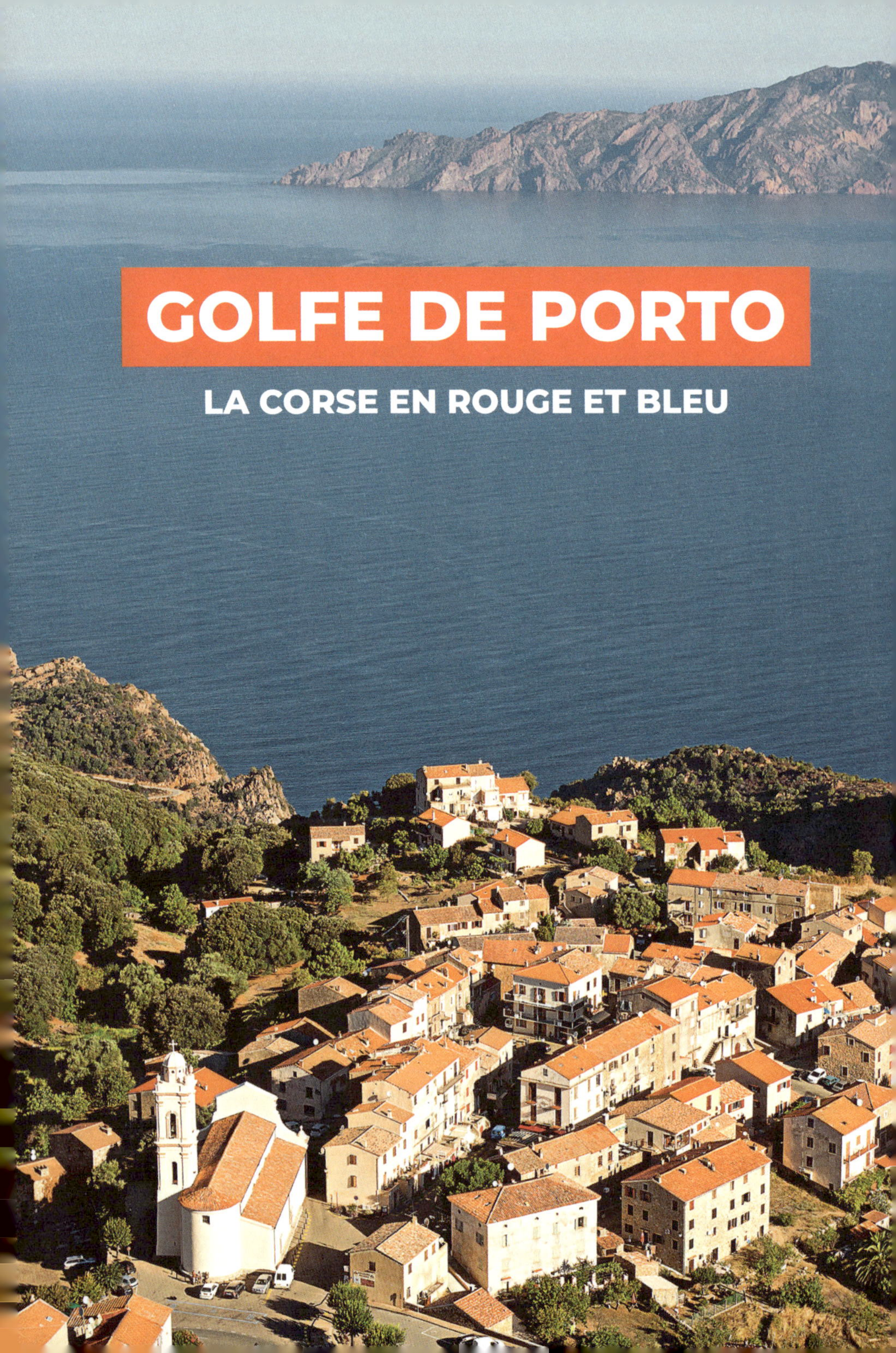

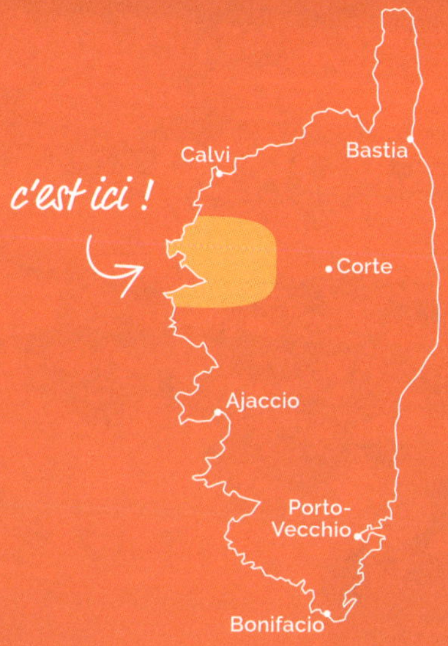

Vous adorez les côtes sauvages et les arrière-pays vraiment préservés ? Alors, c'est ici qu'il faut venir ! Dans cette région, vous ne traverserez aucune ville : il n'y en a pas… Seulement quelques villages et un golfe aux paysages époustouflants, classé réserve de biosphère à l'Unesco. Venez découvrir sa nature fascinante, ses vues plongeantes sur la mer et ses falaises de roches rouges. Sans oublier de prendre un peu de hauteur pour vous baigner en eaux vives ou randonner dans la fraîcheur des forêts de pins.

CE QUI VOUS ATTEND…

La région en un coup d'œil 88
Best of 90
Top 6 des activités dans le golfe 94
3 spots pour s'aérer en altitude 96
Remontez le Fango 98
Nos super adresses 100
FAQ 102

◁ Village de Piana

LE GOLFE DE PORTO
PETA OUCH NOK
EN UN COUP D'ŒIL
Galéria
Vallée du Fango
Baie de Focolara
Punta Palazzu
Île de Gargalo
Réserve naturelle de Scandola
Girolata
Engouffrez-vous dans la grotte du Monte Senino, p. 95
Bocca a Croce (col de la Croix)
Osani
Monte Senino
Partinello
Serriera
Golfe de Porto
Plage de Gradelle
Plage de Caspio
Et hop ! Notre carte digitale
Porto
Plage de Ficaghjola
Calanques de Piana
Capo Rosso
Piana
Plage d'Arone
0
2,5
5 km

BEST OF

1. Faites-vous discret dans la réserve naturelle de Scandola
2. Plongez dans des fonds couverts de corail depuis Galéria
3. Rejoignez Girolata, accessible uniquement à pied
4. Cherchez le meilleur point de vue sur les calanques de Piana
5. Randonnez le long du Fango, la dernière rivière sauvage
6. Ouvrez grands vos poumons dans la forêt d'Aïtone

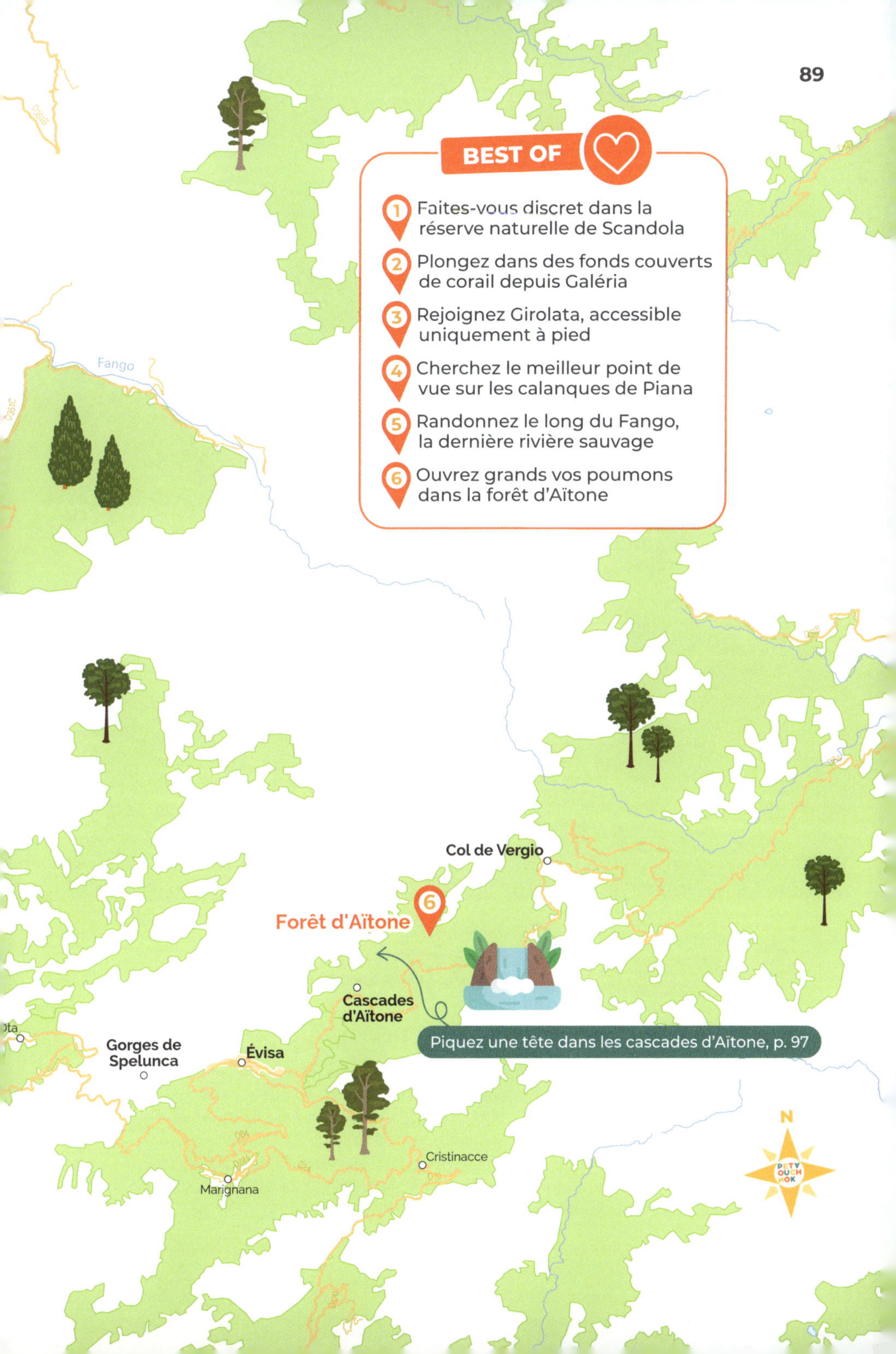

1 RÉSERVE NATURELLE DE SCANDOLA

Faites-vous discret dans une presqu'île protégée

Ce petit bout de Corse tient du miracle avec ses spectaculaires falaises rougeoyantes qui s'effondrent dans la grande bleue et ses curieuses orgues basaltiques, tous nés d'une éruption d'un autre âge. Aucun chemin ne permet d'accéder à cette fantastique réserve classée à l'Unesco : vous devrez obligatoirement prendre le bateau ! Ouvrez l'œil, la presqu'île est un bijou de biodiversité et constitue notamment l'un des derniers nichoirs des balbuzards pêcheurs, des rapaces protégés : n'oubliez pas vos jumelles !

▸ + **d'infos :** départ du port de Porto. On vous donne trois compagnies pour naviguer en mode hybride à la p. 94.

2 GALÉRIA

20 000 nuances de rouge sous la mer

Si vous êtes amateur de plongée, Scandola risque bien d'être source de frustration : il est interdit d'y plonger ! Heureusement, à Galéria, L'Incantu est l'un des meilleurs centres de plongée de toute l'île, et ses animateurs pourront vous conduire aux abords de la réserve : à vous les murailles de corail rouge, les mérous bruns et autres barracudas ! Avec en prime quelques épaves pour les plus chevronnés...

▸ **+ d'infos :** centre de plongée **Incantu** ; 04 95 62 03 65 ; incantu.com

3 GIROLATA

Un petit air de bout du monde

Oubliez la voiture, ce village ne dispose d'aucune route ! Pour l'atteindre, vous devrez marcher près de 2h depuis Bocca Croce (col de la Croix) et emprunter le « chemin du Facteur », l'un des plus beaux sentiers de Corse : il passe au milieu du maquis et offre des vues époustouflantes sur le golfe ! En chemin, profitez-en pour faire trempette sur la plage de galets de Tuara, vierge de tout aménagement. Vous apercevez un fort immaculé ? C'est que vous êtes presque arrivé ! Et si vous n'avez pas l'énergie pour le trajet retour, prenez le bateau qui vous ramène à Porto (et bien sûr, les plus pressés pourront faire l'aller-retour en bateau !).

▸ **+ d'infos :** voir notre top 6 des activités dans le golfe de Porto p. 94.

4 CALANQUES DE PIANA

Perdez-vous dans un chaos de pierre

On peut les admirer par bateau, par la route ou à pied, et peu importe le temps que ça prend : les « calanche » rouges de Piana rougissent de beauté à toute heure (en journée, quand même) ! Si vous espérez la photo parfaite, préférez l'aube (pour les lève-tôt) ou le crépuscule. Allez, on vous donne THE meilleur site : rendez-vous au « Château fort », un bloc de granit d'où vous jouirez d'un panorama ahurissant !

▸+ d'infos : accès « Château fort » : 1h AR depuis la Tête de chien, sur la route D81.

5 VALLÉE DU FANGO

Arpentez la dernière rivière sauvage

Il était une fois un fleuve de 24 km, au milieu d'une vallée presque totalement vierge... Bienvenue sur les rives du Fango, labellisé « Site rivière sauvage ». Entouré d'une immense forêt de chênes verts, vous allez adorer ses piscines naturelles, idéales pour un plongeon bien frais (soyons francs, c'est génial mais elles sont un peu victimes de leur succès en été). Si vous recherchez la tranquillité, profitez d'une sortie en kayak dans le delta du Fango, terrain de prédilection de la tortue cistude.

▸ **+ d'infos :** pour en savoir plus, rendez-vous p. 98.

6 FORÊT D'AÏTONE

Bain de fraîcheur sous les pins

Écorce brune, hauteur impressionnante et bois de grande qualité : le pin laricio est le roi des arbres de l'île de Beauté, et la forêt d'Aïtone est son royaume. Vous pourrez voir les plus beaux spécimens autour de la maison forestière : certains se dressent à plus de 50 m de haut ! Ne le criez pas trop fort, mais on trouve aussi quelques spots de baignade très sympas dans le coin...

▸ **+ d'infos :** cascades d'Aïtone p. 97.

TOP 6 DES ACTIVITÉS DANS LE GOLFE DE PORTO

De l'eau, de l'eau, de l'eau, et des montagnes rouges qui déferlent sur la mer : le paysage est l'un des plus enthousiasmants pour se dépenser sans compter. Voici notre top des activités pour les amoureux de rivages à l'état brut !

1 Embarquez sur des bateaux hybrides

Vous voulez faire un geste pour les eaux du golfe ? Privilégiez les bateaux hybrides ! La marine de Porto compte trois compagnies qui possèdent des navires partiellement électriques : Nave Va, Passe-Partout et Via Mare.

▸ **+ d'infos :** naveva.com ; lepasspartout.com ; viamare-promenades.com

2 Guettez les oiseaux de la réserve de Scandola

Silence, la nature s'épanouit ! Cette réserve n'est accessible qu'en bateau, ce qui garantit la tranquillité des oiseaux. Le classement du site a même permis d'empêcher la disparition du balbuzard pêcheur : il ne restait que deux couples dans les années 1970, contre une vingtaine aujourd'hui ! Mais restons vigilants, car ces rapaces restent menacés par la surfréquentation.

▸ **+ d'infos :** ecase-pnrc.fr/reserve-naturelle-de-scandola

3 Chaussez vos baskets à Girolata

À Girolata, oubliez les voitures, vous ne verrez que des piétons et des bateaux. Si vous êtes un vrai amateur de marche, c'est le paradis : le chemin du Facteur permet de rejoindre le col de la Croix, le célèbre GR Tra Mare è Montirelie Ota au sud ou Galéria au nord, et on peut aussi enchaîner avec la boucle depuis le col de Palmarella (sur la route D81) ou encore le chemin qui longe la baie de Focolara… Dur, dur de choisir, hein ?

▸ **+ d'infos :** port-girolata.com

4 Visitez la grotte du Monte Senino

Située au pied du Monte Senino, la grotte d'Osani est surnommée *U Grottone*, la « Grande Grotte ». Creusée par érosion (si vous êtes expert en géologie, vous savez qu'on parle en corse de « taffoni »), elle est exceptionnelle par sa taille et la vue imprenable qu'elle offre sur le golfe. On fait une pause casse-croûte dans la fraîcheur de l'intérieur ?

Infos pratiques
Durée : 2h30 AR
Départ : village d'Osani (au premier virage en aval)
Difficulté : moyenne

5 Escaladez le Capo Rosso

Si vous voulez épater vos proches avec des vues à couper le souffle, montez à pied jusqu'à la tour génoise de Turghiu, à 331 m : sensations fortes garanties avec quelques tronçons d'escalade sur l'une des variantes du sentier et clichés aériens sur les falaises rouges qui tombent dans la mer !

Infos pratiques
Durée : 3h30 AR (8 km)
Départ : 6 km après le village de Piana en direction de la plage d'Arone, au niveau de la buvette A Guardiola
Difficulté : moyenne

6 Nagez le long des plages de Caspio et de Gradelle

Il faut descendre une petite route en impasse pour accéder à ces deux plages, parmi les plus belles du golfe. Et si vous préférez les plages encore plus inaccessibles, celle de Tuara demande 1h de marche par le chemin du Facteur (1h depuis le col de la Croix). Tranquillité assurée pour profiter de la fin de journée !

3 spots pour s'aérer EN ALTITUDE

hop hop hop

Et si on prenait le large avec la Méditerranée, le temps d'une journée ? Voici un petit programme dans les hauteurs qui vous donnera l'occasion de répondre à l'appel de la forêt et de vous baigner dans des eaux fraîches revigorantes.

1 RANDONNÉE DANS UN CANYON

OTA > GORGES DE SPELUNCA ▸ 2h AR

Elle en fait, des virages, la route qui relie Ota à Évisa. Et pour cause, elle grimpe de 500 m en contournant un canyon sauvage connu sous le nom de gorges de Spelunca. Bon, ne vous attendez pas non plus aux gorges du Verdon, mais en empruntant le sentier qui part du pont de Pianella (facile à trouver, c'est le premier pont après le village, au niveau du virage en épingle à cheveux), vous n'allez pas être déçu. La suite est facile comme tout : on remonte doucement pendant 1h un chemin de 3 km, cerné par des parois rocheuses, dans un environnement verdoyant. En prime, baignades rafraîchissantes, pause photo devant le joli pont génois de Zaglia et rencontre avec quelques chèvres sauvages.

Après la baignade, il est temps de revenir sur vos pas. Mais si vous en avez le courage, il est tout à fait possible de poursuivre le sentier jusqu'à Évisa. On rajoute alors au moins 1h30 et, attention, ça grimpe !

2 PROMENADE AU MILIEU DES CASCADES

D84 > CASCADES D'AÏTONE ▸ 20-30 min AR

Promis, cette seconde option est beaucoup plus tranquille : les cascades d'Aïtone ne sont situées qu'à 10-15 min de marche de la D84. Cela dit, vous ne devrez pas être trop sensible à l'eau froide : elles dépassent rarement les 10 °C, même au cœur de l'été. Bain revigorant garanti ! Et si vous ne vous baignez pas, peu importe : le site est propice à la contemplation.

▸ **+ d'infos :** du parking situé le long de la D84, remontez la route sur une centaine de mètres. Empruntez ensuite la piste forestière qui descend sur la gauche.

3 BALADE À LA DÉCOUVERTE DE LA CHÂTAIGNE

D84 > ÉVISA ▸ 2h30 AR

Il vous reste encore un peu d'énergie une fois de retour des cascades ? Prenez alors le chemin des Châtaigniers, qui part du même endroit en direction d'Évisa, la capitale corse de la châtaigne (comptez 2h30 AR si vous allez jusqu'au village ; facile). Les panneaux qui jalonnent le sentier vous apprendront tout sur la culture traditionnelle de la châtaigne. Et vous pourrez aussi voir des spécimens centenaires (et même des sculptures en bois).

REMONTEZ LE FANGO

Piu piu

Bienvenue dans une vallée encore intacte, façonnée par le volcanisme (d'où ses roches rouges) et classée réserve de biosphère par l'Unesco depuis 1977 ! Depuis les marais de son embouchure (magiques en kayak), n'hésitez pas à remonter à pied une partie de ses 24 km le long du GR Tra Mare è Monti® (dans sa partie avale) ou du sentier de la Transhumance® (dans sa partie amont, jusqu'à la Bocca di Capronale). Un grand moment de sérénité pour les adeptes d'activités de plein air !

Petit déjeuner au « bar du village »

Impossible de manquer A Piazzetta, le bar de Mathieu et Olivier, situé en face de l'école de Galéria. À 8h30, heure de l'ouverture, c'est l'endroit parfait pour prendre des forces en discutant avec les patrons, fins connaisseurs de la région. Bonus : ils peuvent vous préparer bruschettas et paninis pour casser la croûte.

Delta en vue !

Quelle meilleure façon d'explorer l'embouchure du Fango sans abîmer son écosystème que de louer un canoë ? Glissez dans un monde de silence et de quiétude, en pistant les tortues cistudes, les oiseaux et les fleurs bleu pâle de la dauphinelle tachetée (floraison en mai-juin).

Pour avoir la meilleure vue sur le delta, direction la tour génoise, à 150 m de la route : la vue est imprenable !

▸ + d'infos : À Galéria ; delta-du-fangu.com ; résa obligatoire.

Les vénérables de la yeuseraie de Piriu

Elle n'est plus exploitée depuis 1850 : la forêt de chênes verts (ou yeuseraie) de Piriu est la plus grande du continent européen et elle a conservé ses arbres multiséculaires. Pour voir quelques-uns de ses plus beaux spécimens, empruntez le sentier des Mésanges bleues (boucle de 1,2 km au départ du parking de Treccia). Les panneaux pédagogiques vous apprendront tout sur cet oiseau de la famille des passereaux, mais aussi sur l'histoire de la forêt et ses richesses.

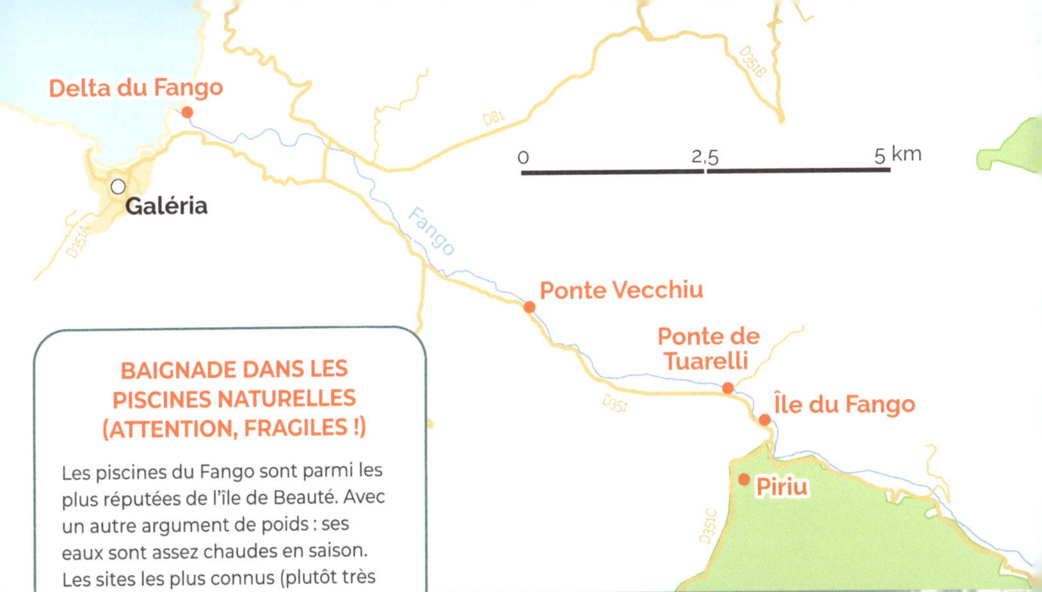

BAIGNADE DANS LES PISCINES NATURELLES (ATTENTION, FRAGILES !)

Les piscines du Fango sont parmi les plus réputées de l'île de Beauté. Avec un autre argument de poids : ses eaux sont assez chaudes en saison. Les sites les plus connus (plutôt très fréquentés en juillet-août) se trouvent au Ponte Vecchiu, au Ponte de Tuarelli (moins accessible, déconseillé aux familles) et à l'île du Fango. Pour plus de tranquillité, n'hésitez pas à longer la rivière en amont ou en aval de ces trois sites. Et pour préserver la qualité des eaux, jamais de crème solaire !

NOS *Super* ADRESSES

POINTS DE CHUTE

PIANA

On adore Piana, classé parmi les Plus Beaux Villages de France, et qui le mérite amplement ! D'un côté les fameuses calanques, de l'autre la montagne et sa forêt, partout de petites criques pour piquer une tête, des randos en veux-tu en voilà, et surtout plein de gîtes et de chambres d'hôte pour goûter à l'hospitalité locale.

GALÉRIA

Moins balnéaire que Calvi, moins photogénique que Porto, c'est un peu la grande oubliée du nord-ouest de la Corse. Et c'est tant mieux, car ses adresses restent charmantes et à des tarifs plutôt raisonnables pour un bord de mer.

OÙ DORMIR ?

Chambre d'hôte E Valle

L'art de l'hospitalité

Une maison de famille en pierre, à l'ombre des arbres et des rosiers. Non seulement Angélique et Paul savent recevoir comme personne, mais leur chambre d'hôte est digne d'un cinq-étoiles : dimensions spacieuses, produits de beauté corses, piscine chauffée, spa…
Le petit déjeuner est un grand moment de partage et de générosité, tout comme la table d'hôte (sur résa) et son festin de produits du terroir.
▸ **À Piana,** 1, chjassu di E Valle ; à reserver sur gites-corsica.com

Gîte E Casarelle

Le silence est d'or

Oubliez la civilisation au gîte écoresponsable de Ben et Alice ! Au bord de la petite plage de Girolata, dans les bungalows ou sous votre tente à l'ombre des eucalyptus, vous n'entendrez aucun autre son que le ressac. Succulent dîner maison cuisiné avec les légumes du jardin.
▸ **À Osani,** hameau Girolata ; ouv d'avril à oct ; 07 64 06 08 64 ; ecasarelle.wixsite.com/ecasarelle

Gite U Pagliaghju

Yourte et circuit court

Sophie et Pierre ont installé cinq yourtes et une roulotte dans leur ancienne oliveraie. Vous serez accueilli par leur chien Orsu, l'affectueuse mascotte du gîte. Ambiance refuge et espace bivouac, avec douches communes solaires. Au menu le soir, des légumes cultivés sur place en permaculture et d'autres délices en circuit courts …
▸ **À Galéria,** route de Calca, Caterone ; ouv d'avril à oct ; 06 88 24 50 00.

GIROLATA

Gîte d'étape Chez Marie

Étape altitude

Envie de prendre un peu de hauteur après une journée en mer ? Faites étape dans l'un des dortoirs du gîte de Victorine : ambiance rando assurée !
Le must, c'est l'apéritif ou le repas en terrasse, à 200 m au-dessus du vide. Vous goûterez sûrement l'huile d'olive (douce) de son fils Antoine-François et peut-être le flan réalisé avec la farine de châtaigne de son frère Jean-Dominique, réputée dans toute la Corse.

▸ **À Ota ;** gite-chez-marie.com

ÇA SENT BON… LA CHÈVRE

Fromagerie Spinosi

François-Marie est fier du lait généreux et gras de ses chèvres. Il est fier, aussi, d'utiliser toujours un chaudron pour préparer son brocciu à l'ancienne, afin de garder le bon goût traditionnel. Attention, ses merveilleux fromages ne sont produits qu'à partir de décembre et seulement jusqu'à fin juillet !

▸ **À Piana,** route de Cargèse ; 06 12 69 18 29.

Savonnerie Albori

Le lait des chèvres de Piana n'entre pas que dans la composition du brocciu ! Des huiles végétales, un peu de soude, quelques huiles essentielles locales et le lait des chèvres de son compagnon : c'est tout ce qu'il faut à Caroline pour réaliser des savons artisanaux inifiniment doux et bienfaisants pour la peau.

▸ **À Piana** ; albori-cosmetiques.com

OÙ MANGER ?

L'Artigiana

Vous n'avez encore jamais goûté à la fraîcheur et au goût inimitable des légumes en permaculture ? Cette adresse dotée de son propre potager vous en donne l'occasion ! Poke bowl, omelettes, falafels, beignets… tout est bon, local, sain et coloré, à déguster en terrasse, avec vue plongeante sur le golfe de Galéria. En prime, un excellent thé glacé et une petite boutique qui vend de l'artisanat et des produits régionaux.

▸ **À Galéria ;** fermé dim ; 06 13 57 78 18.

Les Jardins de Piana

Elle est à la fois maraîchère et restauratrice : Julie a installé son magasin en face de la fontaine du village et disposé quelques tables en terrasse. Ses fruits et légumes sont en vente directe sur place. Mais vous pouvez opter aussi pour son repas au feu de bois : si vous vous attablez, goûtez en particulier ses lasagnes, c'est un régal ! Réservation conseillée.

▸ **À Piana,** centre du village ; 06 37 75 66 29.

La carte digitale pour retrouver toutes nos adresses, activités et visites.

ON RAMÈNE QUOI ?

Atelier Mélisse

C'est une tradition corse : lors d'une naissance, on offre un pendentif en corail rouge en forme de main. Le corail utilisé dans cette bijouterie est récolté par 50 m de fond afin de préserver les stocks (pratique unique en Méditerranée). Vous pouvez ensuite voir Éric le sculpter dans son atelier : un vrai travail d'orfèvre ! Pas de bébé en vue ? Optez pour l'œil de sainte Lucie, autre bijou porte-bonheur fait maison à partir d'un coquillage.

▸ **À Porto ;** atelier-melisse.com

Relais de Galéria

Ce relais a tout l'air d'une station-service… mais il est en fait bien plus que cela ! Il fait office d'épicerie, de café (terrasse extérieure abritée) et la patronne Francesca, coiffeuse de métier, a même installé son salon de coiffure dans l'ancien hangar ! Si vous cherchez un souvenir authentique, vous trouverez une intéressante sélection d'artisanat corse. Ambiance décontractée et bonne humeur garanties !

▸ **À Galéria,** Achiarello ; 06 85 53 02 98.

J'ai des envies de kayak de mer, c'est possible ?

Alors, oui, c'est possible, bien sûr, mais si on n'en a pas trop parlé, c'est parce que c'est pas donné à tout le monde. Le golfe de Porto est assez vaste, et la progression demande beaucoup d'efforts et d'endurance, surtout quand la houle s'en mêle. Mais si vous êtes aguerri, franchement, c'est difficile de trouver plus beau spot ailleurs ! Et si vraiment vous avez des envies de kayak à la cool, y a toujours le delta du Fango : 0 % houle, 0 % courant, 100 % zénitude !

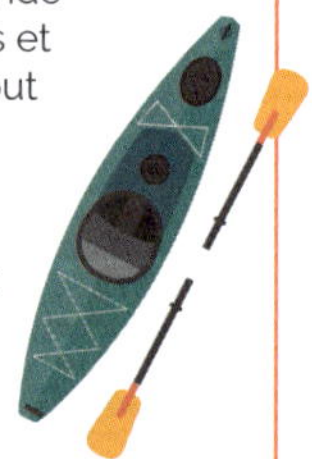

▸ **À Galéria ;** de juin à sept tlj ; delta-du-fangu.com

Il est où le plus beau coucher de soleil corse ?

Plusieurs sites se disputent le trophée sur l'île de Beauté, mais, sur le podium, il y en aura forcément un du côté du golfe de Porto. On a un petit faible pour les calanques qui prennent des couleurs particulièrement flamboyantes au crépuscule, mais les rayons qui déclinent à travers les pins de la forêt d'Aïtone, c'est vraiment pas mal non plus. Et pour un kif absolu, profitez d'un bon verre de vin (corse bien sûr) au coucher du soleil depuis la terrasse de l'hôtel Les Roches rouges, à Piana.

C'EST FACILE DE RANDONNER LE LONG DU FANGO ?

Plutôt, oui, car il y a très peu de dénivelé. Mais si vous préférez être accompagné par un professionnel qui connaît la région comme sa poche, Pierre Maestracci est le guide idéal pour explorer la vallée et ses environs.

▸ **À Galéria ;** Pierre Maestracci : 06 88 24 50 00.

Châtaignes et marrons, c'est pareil ?

La châtaigne est le fruit du châtaigner et est comestible, le marron est le fruit du marronnier et n'est pas comestible, jusque-là vous suivez ? Là où ça se complique, c'est que la crème de marrons, la dinde aux marrons ou les marrons glacés, ben, en fait, ce sont des châtaignes. Pourquoi, nous demanderez-vous ? Bonne question, ça...

ON PEUT VOIR DES MOUFLONS ?

On peut, parfois, du côté de la forêt d'Aïtone et du col de Vergio. Mais ils préfèrent la plupart du temps rester encore plus en altitude, du côté du Monte Cinto ou du massif de Bavella. En revanche, vous avez toutes les chances de croiser des cochons sauvages.

Il n'y a que des plages de galets dans le coin ?

Pas que, il y a du sable aussi. Et même mieux que ça, il y a l'une des plus belles plages de sable de la côte ouest ! Cette pépite, c'est la plage d'Arone, 700 m de sable clair où, pour vous remettre du périple de 12 km (la route est en impasse, vous ne pourrez pas la rater), vous aurez l'embarras du choix entre le farniente ou une foule d'activités nautiques. Attention aux enfants, on perd vite pied dans l'eau.

Y a vraiment un volcan en Corse ?

Oui, oui, vous avez bien entendu. Le Monte Cinto, le plus haut sommet de l'île, est d'origine volcanique, tout comme les orgues basaltiques de la réserve de Scandola. D'ailleurs, le porphyre rouge qui donne leur belle couleur aux falaises du golfe de Porto n'est rien d'autre qu'une roche magmatique. Rassurez-vous, on n'a pas enregistré d'éruption depuis au moins 150 millions d'années...

ELLE EST COMMENT LA ROUTE VERS PORTO ?

Comment le dire avec délicatesse ? Disons que si vous êtes sujet au vertige et aux tendances nauséeuses au moindre virage, vous risquez de vous souvenir longtemps de votre périple. Car il n'y a pas 36 routes pour atteindre Porto : soit on arrive du nord via Galéria par une route avec 1000 lacets frôlant le vide, soit on arrive du sud via Cargèse par une route avec 1000 lacets frôlant le vide, soit on arrive du centre de la Corse via Évisa par une route avec 1000 lacets frôlant le vide. Faites votre choix...

Mon portugais est un peu rouillé

Vous confondez sans doute le village de Porto en Corse avec la ville de Porto au nord du Portugal. Mais si vous êtes en manque de fado, d'azulejos et de vinho verde, on a aussi le guide qu'il vous faut !

CORTE ET LE CENTRE

AU FRAIS LOIN DES FOULES

Si vous venez en Corse en été, il y aura sans doute un moment où vous allez avoir envie de quitter les plages et de retrouver un peu de calme, d'espace et de nature sauvage. C'est à ce moment que vous entendrez l'appel de la Corse intérieure, avec ses sommets et ses vallées, ses rivières pour se baigner à la fraîche et ses châtaigneraies. Vous y allez bientôt ? Eh bien, quand vous y serez, écoutez le silence, et n'oubliez pas de grignoter un morceau de niolo.

CE QUI VOUS ATTEND...

La région en un coup d'œil	106
Best of	108
Sur les traces de Paoli à Corte	112
5 piscines naturelles	114
La Castagniccia	116
Les 4 saisons de la vallée de l'Asco	118
Notre top 4 des randos	120
Tout est bon dans le cochon	122
À vélo dans l'Bozio	124
On saute le pas en canyoning	126
Atteindre des sommets dans le Niolo	128
Nos super adresses	130
FAQ	132

◁ **La citadelle de Corte**

CORTE ET LE CENTRE EN UN COUP D'ŒIL

BEST OF

1. Frottez-vous à l'identité corse à Corte
2. Prouvez que vos mollets sont en acier au Monte Cinto
3. Rencontrez les cochons de Félicia et Marie-Pierre à Loreto-di-Casinca
4. Découvrez la microrégion du Bozio à vélo électrique
5. Faites un grand saut dans le vide à la Scala di Santa Regina
6. Remontez jusqu'aux lacs glaciaires de la vallée de la Restonica
7. Initiez-vous au canyoning dans le Haut-Vecchio
8. Nagez sous le pont génois des gorges de l'Asco

1 CORTE

Frottez-vous à l'identité corse

Corte, c'est la ville qui vous permettra de mieux appréhender l'identité corse : le musée de Corse, la citadelle, la place Gaffory avec la maison natale de Joseph Bonaparte, le frère de Napoléon, et les statues de Paoli... Et d'en discuter ensuite, au coude-à-coude avec les Cortenais, devant une planche de charcuterie. Profitez d'un cadre spectaculaire avec les hautes montagnes qui surplombent la ville ! Charmante et surprenante : on n'a rien à ajouter.

▸ + **d'info :** bar de la Haute-Ville 2, place Gaffory.

2 MONTE CINTO

Prouvez que vos mollets sont en acier

Vous n'allez quand même pas rentrer chez vous sans avoir fait l'ascension du point culminant de la Corse ? Enfin, seulement si vous avez du souffle : l'expérience est réservée aux montagnards confirmés. Équipement en fonction obligatoire, mais c'est une expé mythique à accrocher à son palmarès. Sur le chemin, admirez un paysage aussi envoûtant qu'exigeant et, pour finir en beauté, une vue sur tous les sommets de Corse. (voir p. 121)

3 LORETO-DI-CASINCA

Rencontrez les cochons de Marie-Félicia et Marie-Pierre

Ces deux sœurs en possèdent 200, qui sont élevés en liberté et préparés dans la pure tradition corse de cet élevage tenu de père en filles. Ce qui explique le goût unique de leurs jambons, coppa et lonzu vendus en Corse et sur le continent... Vous avez dit terroir ? (voir p. 122)

4 BOZIO

Parcourez le Bozio en mobilité douce

Le Bozio, c'est LA microrégion à découvrir à vélo électrique depuis Corte, avec son réseau de vallées vertes parsemées de hameaux. En plus de pouvoir gérer vos efforts dans les côtes, vous aurez l'avantage de croiser très peu de monde sur la route, à part les chèvres et les moutons. (voir p. 124)

5 SCALA DI SANTA REGINA

Faites un grand saut dans le vide

Ce qu'on vous propose, c'est la Corse à grand spectacle : un paysage de roches nues, des falaises, un torrent qui roule en contrebas… et une via ferrata de dingue dans la vallée de l'Asco. On s'accroche aux filins et on termine par une série de tyroliennes à 200 m au-dessus de la rivière. Cap ou pas cap ? (voir p. 119)

6 VALLÉE DE LA RESTONICA

À la recherche du joyau de la Corse

Vous vous souvenez, quand on était petit, ça arrivait qu'on se lance dans une expédition pour chercher un coffre rempli d'or de pirates à l'aide d'une carte au trésor ? Ben là, c'est un peu pareil, il s'agit de regarder des cartes routières et de trouver celle qu'on surnomme le joyau de la Corse : la Restonica. Un paysage de falaises, rivières, montagnes, piscines naturelles et, en ligne de mire, deux lacs glaciaires à couper le souffle. (voir p. 120)

7 HAUT-VECCHIO

Initiez-vous à la rando aquatique

... ou autrement dit le canyoning, où vous descendrez les courants de la rivière du Vecchio avec ses vasques vert émeraude, seul(e), entre amis ou en famille, et accompagné(e) d'un guide. Tous les niveaux sont permis ! Parfait pour s'initier à la descente et aux sauts tout en en prenant plein les mirettes. (infos p. 126)

8 GORGES DE L'ASCO

Nagez sous un morceau d'histoire

Le pont génois d'Asco n'est pas qu'un beau pont en pierre, c'est aussi un vestige de l'occupation génoise datant du 15e siècle. On vous laisse remonter le temps en admirant cette voûte en pierres de granit grises tandis que vous vous trempez dans les eaux douces bleutées des magnifiques gorges de l'Asco. Grimpez sur les rochers à la recherche de piscines naturelles qui changent d'endroits en fonction du torrent.

▸ **+ d'info :** le pont se trouve au lieu-dit Lamella, en contrebas du village.

CORTE
SUR LES TRACES DE PAOLI

Ça vous dit de passer un peu en revue l'histoire de la Corse ? Vous en avez besoin : on voit bien que vous n'avez pas trop l'air de savoir qui était Paoli, faites pas semblant. Alors suivez-nous, et le passé glorieux du général corse n'aura plus de secrets pour vous. Et puis ça tombe bien, Corte, c'est joli.

▶ LE COURS PAOLI ET ALENTOURS

2h de balade, et on a fait le tour de la ville… Mais c'est sympa, car en chemin, on croise quelques grandes figures de l'histoire corse :

▸ Le cours Paoli monte vers la place du même nom avec sa statue du Babbu di a Patria, « Père de la Patrie ». On vous le donne en mille : la statue représente Pascal Paoli, ancien chef de la République corse indépendante. Voilà, vous savez qui c'est.

▸ Autre statue place Gaffory, celle du patriote éponyme, chef des Corses au 18e siècle.

▸ Une accueillante maison criblée d'impacts de balles : une échauffourée entre Corses et Génois en 1750.

▸ Plus haut, la place du Poilu avec la mémoire de deux illustres devant une maison qui a connu des jours meilleurs : Arrighi de Casanova, compagnon de son cousin Napoléon sur tous les champs de bataille de l'Empire, et Joseph Bonaparte, frère de l'empereur. Ils sont nés tous les deux ici.

▸ Encore une statue ? Celle d'Arrighi de Casanova justement, sur la jolie place du Duc-de-Padoue. Elle est signée Bartholdi, celui de la statue de la Liberté.

▸ **+ d'infos :** pour les accros, un topo de visite patrimoniale est téléchargeable sur corte-tourisme.com

LE MUSÉE DE LA CORSE ET AU-DELÀ

Là, vous allez plonger dans la vie des humbles et des anonymes. Dans l'ancienne place forte à la Vauban construite sous Louis XV, des milliers d'objets vous racontent les modes de vie et les traditions de la Corse rurale des 19e et 20e siècles. À écouter : les enregistrements de chants polyphoniques de la phonothèque. Prolongez la visite en grimpant jusqu'au « nid d'aigle », la forteresse primitive au sommet d'un piton, pour un joli coup d'œil sur la ville.

▸ **+ d'infos :** museudiacorsica.corsica

PAOLI SUPER STAR

Par deux fois, Pascal Paoli a dirigé la Corse. Entre 1755 et 1768, d'abord, lorsque les Corses insurgés contre Gênes le portent à leur tête. Puis entre 1794 et 1796, lorsque Paoli place la république corse sous la protection de l'Angleterre. Par deux fois, il a été vaincu par les armées françaises. Le Babbu di a Patria est mort en exil à Londres en 1807.

LA RESTONICA

Un peu de fraîcheur pour le reste de la journée : à la sortie de la ville, s'ouvrent les gorges de la Restonica avec sa succession de piscines naturelles. En été, c'est noir de monde. Mais avec un peu d'effort, on peut trouver des coins plus tranquilles. Mais ça, on vous l'explique page suivante.

5 PISCINES NATURELLES POUR PRENDRE LE FRAIS

On laisse la mer de côté mais on garde le maillot ! Direction les rivières et les torrents des montagnes corses. Et bonne nouvelle, on vous a trouvé quelques coins pour échapper à la foule estivale.

1 Les cascades des Anglais

En vrai, il y a une vingtaine de cascades qui se succèdent le long de l'Agnone. Pas forcément spectaculaires mais tout à fait somptueuses ! Point de départ : la gare de Vizzavona. De là, il n'y a qu'à suivre… la foule. En été, c'est l'embouteillage. En tout cas dans la première portion. Pour trouver une piscine naturelle pour soi tout seul, il faut grimper en amont à travers la forêt de hêtres et de pins de Vizzavona.

2 Le Vecchio

Au sud de Corte, trois hauts ponts enjambent la rivière : le pont routier, un pont secondaire et le pont Eiffel construit – paraît-il – par le célèbre Gustave. Partez de là et remontez la rivière pour trouver la piscine naturelle à votre goût, sachant que plus vous remontez le courant, moins il y a de monde !

Vous n'avez pas le vertige, au moins ?

3 La vallée de la Restonica

On préfère vous prévenir : l'été, il y a embouteillage. À la sortie de Corte, Restonica Beach fait le plein avant midi. Mais on vous a dégotté un coin beaucoup moins fréquenté : remontez les gorges depuis Corte, et à 8 km à droite, prenez une piste qui descend vers la rivière jusqu'à un pont et de belles vasques d'eau cristalline.

Clair comme de l'eau de roche

4 Les piscines du Manganellu

Ça, ça se mérite. Départ du village de Canaglia, au sud de Corte. Suivez le sentier qui longe la rivière (en résistant à l'envie de vous tremper) et continuez 1h jusqu'au pont de Tolla. Là, vous rejoignez le GR®20 que vous allez suivre vers l'ouest pendant 30 min, jusqu'aux plus belles piscines de la rivière au milieu des montagnes et des pins.

Pour le retour c'est pas compliqué, c'est pareil, mais dans l'autre sens !

5 La vallée du Tavignano

Celle-ci, elle est commode : vous partez à pied de Corte pour remonter la vallée le long du chemin muletier en direction du refuge de la Sega. Attention, il n'y pas d'ombre et en été, ça tape !

Après 45 min de marche, descendez vers la piscine naturelle du Lavu Neru, avec son plongeoir de 12 m de haut : vous savez ce qu'il vous reste à faire...

LA CASTAGNICCIA

VIENS PRENDRE UNE CHÂTAIGNE

Des vallées profondes, des collines escarpées et, partout, des châtaigniers qui ont donné son nom à la région. Une plongée dans la corsitude profonde.

PIEDICROCE

LES VILLAGES QUI VALENT LE COUP... DE CHÂTAIGNES

- À **Morosaglia**, on rend hommage au Père de la Patrie, alias Pasquale Paoli (oui, encore lui). Sa maison natale abrite un petit musée et sa dépouille repose dans ce beau village aux maisons de schiste. **La Porta** est la capitale de la Castagniccia, ce qui lui vaut une imposante église baroque avec son campanile haut de 45 m. Et une fameuse auberge de montagne, l'Ampugnani, pour déguster des cannellonis au brocciu et du sauté de sanglier (nourris à la châtaigne *of course*).

▸ + **d'infos :** au village, 04 95 39 22 00.

- Passages voûtés, maisons-tours typiques de la région et fours à pain au programme de **Piedicroce**.

- Si vous êtes dans le coin en décembre, filez à la Fiera di a Castagna de Bocognano avec ses dizaines de producteurs et d'artisans. Bon OK, c'est plus vraiment en Castagniccia mais y a aussi plein de châtaigniers.

▸ + **d'infos :** fieradiacastagna.com

LES CHÂTAIGNIERS QUI PARLENT

Pour découvrir une châtaigneraie, direction Prunello. Vous y croiserez peut-être Emanuele Barbieri (nous, on l'a rencontré) en train de bichonner ses 1200 châtaigniers. Moyenne d'âge : 700 ans (!!), mais toujours bon pied bon œil. Comme tout bon castanéiculteur, il récolte ses châtaignes chaque année et les porte au moulin de la vallée voisine pour en faire une farine que se disputent les restaurateurs. Mais c'est aussi un scientifique à l'écoute de ses arbres : ils sont capables de communiquer entre eux et de prévenir leurs collègues d'un danger...

▶ **+ d'infos :** pour une visite accompagnée de la châtaigneraie, appelez Horace Manenti, le président de l'association des propriétaires, au 06 03 22 85 74

DANS LE MARRON TOUT EST BON...

... surtout si ce sont des châtaignes, car il faut pas confondre ! Les châtaigneraies ont nourri des générations de Corses. Depuis le 16e siècle exactement, lorsque les Génois en ont imposé la culture. Grillées, bouillies ou en farine pour la *pulenda* (un pain corse), la châtaigne était l'aliment de base des familles paysannes. Le châtaignier, ou l'arbre à pain de la Corse ! Au 19e siècle, l'industrie pointe son nez. On coupe les châtaigniers pour extraire le tannin qui part à pleines barriques – en bois de châtaignier – vers les tanneries d'Italie. Après un creux pendant les Trente Glorieuses, l'exploitation de la châtaigne fait un retour en force, comme un symbole d'identité. OK, mais on en fait quoi ? Des farines bio garanties sans gluten, des confitures, de la liqueur, de la bière... Et on en trouve même dans les shampoings !

LA RANDO POUR TOUT VOIR D'UN COUP

3h pour monter, 2h30 pour descendre : c'est le tarif pour grimper au Monte San Petrone. À 1767 m, on a toute la Castagniccia à ses pieds, et, à l'horizon, les sommets de la montagne corse d'un côté et la mer de l'autre. Magique ! L'ascension est un peu longue, mais sans difficulté technique et surtout, bien balisée en orange tout du long. Départ du chouette village de Campodonico.

Les 4 saisons DE LA VALLÉE DE L'ASCO

Parce qu'il en faut pour tous les goûts

Une route étroite et sinueuse (franchement, avec un camping-car, on déconseille), entre deux parois vertigineuses, et au bout, la vallée de l'Asco entourée par une vingtaine de sommets de plus de 2000 m. La montagne corse version XXL avec une flopée de possibilités de brûler des calories !

PONT GÉNOIS D'ASCO

▶ Été

Une rando facile et on file à la baignade

L'objectif : le pont génois en contrebas du village d'Asco. On part de l'église. Vous verrez, derrière, on trouve une maison : le chemin prend sur sa gauche, un sentier à travers le maquis entre des murets de pierre qui descend jusqu'au fond de la vallée. Comptez 2h pour l'aller-retour. Attention, par endroits, ça glisse vraiment ! Au bout, le fameux pont qui enjambe l'Asco depuis le 15e siècle, et de chouettes piscines naturelles pour faire trempette. Les parfums entêtants du maquis vous ont plu ? Rapportez-les chez vous en pot : le miel AOP de l'Asco est fameux. On remplit son panier chez Saveria Trojani, à la sortie du village à droite, en direction de la station de ski.

▶ **+ d'infos :** miellerie Saveria Trojani ; 06 43 77 13 26

▶ Automne

On s'accroche aux parois

Une équipe aguerrie pour qui le maître-mot est « sécurité », ça rassure. Depuis 1998, Jean-Christophe envoie ses clients à l'assaut des falaises des gorges de l'Asco. Sept parcours de via ferrata pour tous les niveaux et tous les âges (à partir de 6 ans tout de même) avec passerelles, ponts de singe et tyroliennes géantes au-dessus des gorges.

▶ **+ d'infos :** interracorsa.com

▶ Hiver

En Corse, y a aussi de la neige

Bon, ne cherchez pas de piste noire, c'est pas vraiment Val-d'Isère. Mais la station de ski du Haut-Asco aligne tout de même deux pistes et un téléski. Surtout, vous pouvez en partir pour de formidables randonnées en raquettes à travers des paysages sublimes. Avec en prime, l'éventualité de tomber nez à nez avec un mouflon, et ça c'est sympa.

▶ **+ d'infos :** interracorsa.com

PRINTEMPS : SI VOUS AVEZ LA FLEMME ?

Faites une pause lenteur en visitant l'épatant Village des tortues, sur la route d'Asco, dédié à la préservation des tortues d'Hermann, une espèce menacée.

▶ **+ d'infos :** À Moltifao ; villagedestortues.wordpress.com

Sinon, toujours côté animaux, vous pouvez vous familiariser avec les mouflons, la bête à cornes emblématique de la montagne corse, à la Maison de la montagne de la station de ski.

▶ **+ d'infos :** asco.corsica

Sinon, dégourdissez-vous simplement les jambes dans les jolies ruelles des villages d'Asco, de Moltifao et de Castifao.

Niolo, Melo et plus si affinito

NOTRE TOP 4 DES RANDOS

Pas de panique, y en aura pour tout le monde, de la balade pépère à la conquête des sommets. Mais toujours, une expérience forte au milieu d'une nature somptueuse. Cela dit : même pour une rando facile, partez équipé. Le minimum : des chaussures de marche et de l'eau, de l'eau. Vous avez ce qu'il faut, bonne rando !

1 Les cascades de Radule dans le Niolo

Fastoche ! 4 km et 2 h en boucle, mais un condensé des splendeurs de la montagne corse. En prime : vous pourrez vous vanter d'avoir parcouru une (toute petite) portion du mythique GR®20. On grimpe à travers une forêt de pins, on passe d'anciennes bergeries, on franchit le Golo par une passerelle avant d'atteindre les cascades. À savoir, en été, il n'y a pas trop d'eau. C'est au printemps que les cascades sont les plus belles.

▶ **Départ du sentier :** dans un virage en épingle à cheveux à 17 km d'Albertacce en direction du col de Vergio. Balisage bleu

▶ **Difficulté :** moyenne

2 Le lac de Melo et au-delà

Soyons francs : en été, vous ne serez pas seul sur le sentier du lac de Melo. C'est même une des randos vedette du centre de la Corse. Normal, ce lac glaciaire à 1711 m est une pure merveille, et son ascension accessible au plus grand nombre. Au-delà des bergeries de Melo (au bout de 30 min de marche), le sentier dessine une fourche. Pour pimenter le parcours, prenez à droite, la vue sera spectaculaire avec des portions plutôt vertigineuses. Au lac de Melo, on s'arrête… ou en continue encore 40 min jusqu'au lac de Capitello, à 1930 m d'altitude : montée assez raide… mais moins de monde !

▶ **Départ de la bergerie de Grotelle**, au haut de la vallée de la Restonica ; 2h AR jusqu'au lac de Melo. Balisage jaune ▶ **Difficulté** : moyenne

3 L'arche de Corte

Là, vous entrez dans le dur. L'Arcu di u Scandulaghju (en VO) est une rando difficile avec une ascension longue et régulière, pour une grande partie sans ombre. Mais au bout, vous trouverez une arche naturelle percée dans le granit au sommet d'une crête. D'un côté, les gorges du Tavignano, de l'autre la vallée du Niolo et au fond, les sommets de la montagne corse. Tout simplement waouh.

▶ **Départ de Corte** (Résidence Saint-Joseph). 5 h AR pour 1000 m de dénivelé. **Balisage orange**

▶ **Difficulté :** difficile

4 Le Monte Cinto

Le sommet de la Corse (2 706 m), une expérience réservée aux montagnards confirmés. L'ascension elle-même n'est pas hyper technique, mais il faut être prêt à avaler 1 500 m de dénivelé dans les éboulis... et à redescendre, la partie la plus éprouvante. Mais accrocher l'ascension du Monte Cinto à son palmarès est une expérience unique, avec à la clé un panorama exceptionnel. On insiste, il faut être super équipé pour une expé de ce type : on ne monte pas en tongs.

▶ **Départ de la station du Haut-Asco** : **Balisage blanc et rouge** (le GR®20) puis marques rouges au sol ; prévoyez 9h minimum

▶ **Difficulté** : très difficile

oui on a osé

TOUT EST BON DANS LE COCHON

Amis végétariens, passez directement à la page suivante. Les autres, suivez-nous dans le joli village de Loreto-di-Casinca à la rencontre des sœurs Albertini, éleveuses de cochons et productrices de charcuterie. Plus terroir, y a pas !

UN ESPRIT SAIN DANS UN PORCIN

Le cochon « Nustrale » fait partie de l'identité corse. Marie-Félicia et Marie-Pierre en possèdent 200 qui, comme leurs congénères de l'île, batifolent dans les châtaigneraies et prennent volontiers possession des petites routes de montagne. À l'automne, ils se gorgent de châtaignes qui vont leur donner une bonne couche de lard et conférer un goût unique à leur viande. Car oui, on ne va pas vous le cacher, à partir de novembre et jusqu'à fin février, les plus gras vont passer au saloir...

PRISUTTU, COPPA, ETC.

« Pour emmener les porcs à l'abattage, on demande un coup de main à nos collègues hommes », ce sont elles qui le disent. Pour le reste, les deux sœurs sont à la manœuvre. Mais c'est Félicité, la grand-mère qui vous fera visiter l'exploitation au pied du village de Loreto. Une battante elle aussi. « C'est ici que quand j'étais petite, on engraissait les cochons de la famille », dit-elle en désignant un enclos de pierre. Elle a surtout transmis à ses petites-filles les procédés traditionnels de séchage et d'affinage. Traditionnelle, mais pas que, Félicité a convaincu les deux sœurs d'installer la clim' dans la cave d'affinage, pour que les jambons ne souffrent pas de la chaleur. Si vous savez la prendre, la grand-mère vous ouvrira même un bocal de sa fameuse terrine, et ça ne se refuse pas. Astuce Petaouchnok : passez un petit coup de téléphone avant de venir.

▶ + **d'infos :** Loreto-di-Casinca ; contactez les soeurs Albertini au 06 16 69 55 78 ou au 04 95 36 31 08.

D'AUTRES PRODUCTEURS-RICES QU'ON A BIEN AIMÉ(E)S

Ferme A Muntisgiana
Retour au village pour David Pellier, un enfant du pays qui s'est lancé depuis plus de 10 ans dans l'élevage et la transformation.

▶ + **d'infos :** à Monte ; 06 10 98 54 67.

Ferme Leonelli
À deux pas de Corte, toute la famille est sur le pont pour faire tourner l'exploitation : charcuterie, fromage, table d'hôte (miam les produits de la ferme !) et même maison d'hôte.

▶ + **d'infos :** lieu-dit Avantu, à Corte ; 04 95 47 13 83 ; achjusellina.com

Ferme A Chiasandra
Marie-Rose Grisoni ouvre les portes de son exploitation et peut vous préparer sur commande de formidables casse-croûte pour aller pique-niquer sous le pont génois d'Asco (ou ailleurs, c'est vous qui voyez).

▶ + **d'infos :** lieu-dit Tesa u Melu à Moltifao ; 06 09 09 23 79.

À vélo
55 KM DE RÊVE DANS L'BOZIO

On s'offre un périple à vélo électrique ? Au menu, une route en belvédère, des villages perchés et des vues étourdissantes sur les montagnes, le tout sans une voiture à l'horizon. Même en plein été, sur les routes du Bozio, vous croiserez plus de troupeaux de chèvres que de moteurs !

INFOS PRATIQUES

- **Point de départ :** Corte. Louez votre vélo électrique chez Altiplani. Et comme vous avez une bonne tête, Pascal vous donnera une carte de la randonnée ! altipiani-corse.com
- **Distance :** boucle de 55 km
- **Durée :** 4 h à vélo électrique (en revanche, avec un simple vélo, ça risque d'être beaucoup plus long…)
- **Difficulté :** moyenne

1 On commence tranquillou

Depuis Corte, mise en jambes facile sur une route qui grimpe en pente douce. Les dernières maisons de la ville laissent la place aux oliveraies. Au croisement avec la D339, les choses sérieuses commencent : l'assistance électrique tourne à fond pour grimper à travers la forêt (parfums enivrants garantis).

2 Le Bozio à vos pieds

4 km après le croisement, arrêt obligatoire devant une croix plantée au bord de la route pour admirer le panorama époustouflant en forme de tour d'horizon des villages perchés au programme des prochains kilomètres : Sant'Andréa, Sermano et les peintures médiévales de sa chapelle San Nicolao (si vous voulez y faire un tour, la clé est à la poste) et Santa-Lucia-di-Mercurio.
Une chose est sûre, vous profiterez partout de la flore typique du Bozio : sur les flancs exposés au sud, une végétation sèche où pâturent les troupeaux, et dans les creux plus humides, d'épaisses châtaigneraies.
La route du bonheur quoi !

3 Pause photo

Comme on dit dans les guides de voyage, Santa-Lucia-di-Mercurio vaut le coup d'œil. Un microvillage perché sur sa colline avec, en toile de fond, les montagnes de Corte (le mieux, c'est quand elles sont encore enneigées, c'est-à-dire une bonne partie de l'année). Difficile de faire plus différent de la Bretagne… et pourtant Joanna et Joseph ont fait le pari fou d'ouvrir une crêperie, Aghja Suttana ! Inattendu, mais ne jugez pas trop vite : le mariage entre les deux traditions fait des étincelles !

▸ + d'infos : aghjasuttana.com/la-creperie

Allez, on garde le rythme !

Et pour rentrer ?

Facile ! Depuis Santa-Lucia-di-Mercurio, on remonte jusqu'à la jonction avec la T20 qui ramène vers Corte en 13 km !

4 On finit à pied sans (trop) forcer

Partez de la place de Santa-Lucia-di-Mercurio et prenez à gauche à la fontaine. Après les dernières maisons, un chemin serpente à travers le maquis. Ne cherchez pas les balises, il n'y en a pas. Mais heureusement, pas moyen de se perdre : le sentier est bien marqué. Le but à atteindre ? La colline, là, juste en face, coiffée des ruines de la chapelle de Santa Servanda. Plutôt tranquille au début, l'ascension devient un peu plus rude avant le sommet. Après 45 min de marche, vous voilà déjà à 1043 m face à un panorama à 360° décoiffant.

ON PEUT DORMIR DANS LE BOZIO ?

Évidemment ! Notre B&B préféré, c'est chez Marie-Laure : elle a installé ses chambres en face de l'ancien couvent d'Alando. Ce qui nous a fait craquer ? Le jardin avec vue sur les montagnes, le petit bassin pour faire trempette, et la table d'hôte à partir de produits du jardin cultivés en permaculture. Le lendemain, vous repartez avec la musette pleine de canistrellis et de confitures maison. Parfait !

▸ **+ d'infos :** 06 38 49 53 49 ; chambresdhotes-corte.fr

On saute le pas EN CANYONING

L'instant fraîcheur qu'il vous faut !

Le canyoning, en Corse, c'est un passage obligé, un peu comme les menhirs en Bretagne (ou pas !). Une expérience unique pour une immersion en pleine nature et une manière insolite de découvrir les gorges. Alors, aucune question à vous poser : à vos casques, baudriers et combis en néoprène. C'est parti !

Une tyrolienne dingo dans le Verghellu

Vivez toutes les émotions du canyoning sur 3 h de parcours : un best of de sauts dans des vasques – 10 m pour le plus haut, des toboggans avec en vedette une glissade de 17 m, une descente en rappel, et pour terminer, une des plus belles tyroliennes des montagnes corses. Le plus ? Tous les obstacles peuvent être contournés : ce parcours s'adresse donc autant aux sportifs qu'aux débutants.

100 % aquatique dans le Haut-Vecchio

Ici, pas de cordage mais un parcours entièrement aquatique et plutôt sportif avec des successions de sauts et le passage d'un bief d'une centaine de mètres, le tout dans un cadre époustouflant de prairies et de châtaigneraies. La descente dure 4 à 5 h : mieux vaut être en forme et aimer l'eau...

Un parcours zen dans le Bas-Vecchio

Sur ce parcours de 2h30, on ne cherche pas l'exploit, on prend juste le temps. Mini-sauts, mini-toboggans, pas de passage technique : une progression tout en douceur. On profite du paysage en faisant la brasse dans les vasques tranquilles avec une eau agréablement chauffée par le soleil.

▸ **+ d'infos :** canyon-corse.com

VERGHELLU

PARTEZ BIEN ACCOMPAGNÉ !

Le canyoning, on ne le pratique pas en solo ! Moniteur fédéral de canyoning et accompagnateur en moyenne montagne, Paul-André Acquaviva est à l'origine du développement des activités de pleine nature dans l'île. Avec son fils, ils ont à cœur de partager leur amour de la Corse. Suivez-les les yeux fermés (ou presque) !

▸ **+ d'infos :** AS Niolu ; À Albertacce ; haute-montagne-corse.com

Vers Corte, on a bien aimé aussi l'agence Altipiani. Leur philosophie ? Privilégier le rapport à la nature plutôt que la performance. Le canyoning version zen.

▸ **+ d'infos :** 2, pl. Paoli, Corte. altipiani-corse.com

ATTEINDRE DES SOMMETS DANS LE NIOLO

et c'est aussi un fromage !

Le Niolo, c'est la vallée des bergers qui, pendant des siècles, est restée isolée du reste de l'île. De quoi se forger une identité forte... comme le fromage local.

1 San Michele, le patrimoine version 2.0

Avant d'arriver à Castirla, repérez le petit cimetière en contrebas de la route, à droite, et surtout n'oubliez pas votre smartphone dans la voiture. La petite chapelle – plus de 1 000 ans au compteur tout de même – s'est mise au high-tech : en flashant le QR Code, vous aurez droit à un joli petit film qui raconte l'histoire des lieux et de ses fabuleuses peintures du 15e siècle. Mais pour entrer, il vous faudra composer un code à quatre chiffres : ami lecteur, sauras-tu trouver la bonne combinaison ?

Oups, le code a changé. Il change d'ailleurs à chaque visiteur. Pour l'obtenir, il faut s'inscrire sur le site Internet affiché sur la borne wifi à disposition.

C'EST QUOI CETTE HISTOIRE DE FROMAGE ?

Après les virages du défilé, la route longe le lac de Calacuccia avec, en toile de fond, les sommets de la montagne corse : le Monte Cinto et la Paglia Orba. Observez : la vallée est tapissée de pâturages qui régalent les brebis. Dans les exploitations, on confectionne le niulinco, un fromage de caractère à pâte molle. Nous, on a bien aimé le domaine d'Anne-Marie Albertini, à Albertacce, qui a repris l'exploitation de son grand-père après une première vie d'archéologue.

▸ **+ d'infos :** 04 95 48 08 93. Passez un coup de fil à Anne-Marie avant de vous arrêter pour visiter et goûter ses délices !

2 La Scala di Santa Regina

Attention, grand spectacle et émotions fortes garantis. Passé Castirla, la route serpente dans la Scala di Santa Regina (« l'Échelle de la Vierge » en VF). Deux falaises de granit rouge, une végétation héroïque qui s'accroche aux cailloux, et, au fond, le plus long fleuve de Corse : le Golo. Bon, en fait, ici, c'est juste un mince filet d'eau, la faute au barrage en amont. N'en reste pas moins un paysage fabuleux à découvrir en mode travelling : pas moyen de s'arrêter en bord de route. Sauf à la Funtana Vignente, 9 km après Castirla, où vous trouverez… deux places de stationnement, en tout et pour tout.

3 On peut se baigner ?

Dans le lac de Calacuccia, c'est défendu. Mais après Albertacce, roulez pendant 2 km et, sur la droite, visez le Ponte Altu, un vieux pont génois visible depuis le pont moderne : on peut s'y tremper dans des piscines naturelles. Plutôt frisquette l'eau, même en plein été. Heureusement, de larges dalles de pierre permettent de faire le lézard au soleil.

4 Toujours plus haut ?

Continuez sur la même route qui file ensuite vers les montagnes à travers l'épaisse forêt du Valdu Niellu, vers le col de Vergio (1 477 m sous la toise). Après, vous basculez vers Porto. Mais ça, c'est une autre histoire, comme dirait Gérard Blanc. (voir p. 94)

NOS *Super* ADRESSES

POINTS DE CHUTE

CORTE

C'est l'idéal. Tous les hauts lieux du centre de la Corse sont accessibles dans la journée. Il y a même des randos qui partent de la ville. Et le soir, on profite de l'animation entretenue par les étudiants de l'université.

ALANDO

Pour un séjour au vert loin de la foule, afin de se ressourcer pendant 2-3 jours. D'Alando, face à un sublime paysage avec les montagnes corses en toile de fond, on peut explorer à fond la petite région du Bozio, à pied ou à vélo.

ASCO

Envie de brûler des calories ? Mettez le cap sur Asco, le coin parfait pour multiplier les expériences : randonnées en montagne, via ferrata, ascension du Monte Cinto pour les plus aguerris et en hiver, on peut même faire du ski dans la microstation.

La carte digitale pour retrouver toutes nos adresses, activités et visites.

OÙ DORMIR ?

Hôtel Restonica

Au bord de la rivière

Ici, c'est à la carte pour vous rafraîchir : plongeon dans l'une des piscines naturelles de la Restonica, avec cascade en guise de balnéo, ou bien la jolie piscine de l'hôtel. Quel que soit votre choix, vous pourrez ensuite profiter de la belle terrasse en bois du restaurant de l'hôtel et vous laisser bercer par les clapotis de l'eau.

▸ **À Corte,** route de la Restonica ; hotelrestonica.com

Les cabanes de Lutina

Déconnexion en monde écolo

Pour se ressourcer en pleine Castagniccia, on a le choix entre trois cabanes en bois au milieu des châtaigneraies, suffisamment distantes les unes des autres pour se croire seul au monde. Écolodge oblige, elles sont autonomes en énergie grâce à leurs panneaux solaires et l'eau est puisée de la source voisine. Le matin, on vous apporte le petit déj sur la terrasse et le soir, vous pouvez profiter de la table d'hôte.

▸ **À Poggio-Marinaccio,** lieu-dit Lutina ; 06 48 80 48 93 ; lescabanesdelutina.com

A Chjusella di E Sertine

Cabanes insolites en pleine nature

Dormez dans… de gros tonneaux en bois, pour jouer les Diogène en plein maquis. On laisse la voiture sur la place du village et on suit le sentier qui conduit à ces curieux logements. Immersion totale garantie. Le soir, vous pourrez profiter d'un panier-repas de produits 100 % locaux.

▸ **À Tralonca,** lieu-dit E Sertine ; 06 80 71 51 24 ; achjuselladiesertine.com

Maison San Giovanni

Petit déj de choc

En plus de concocter l'un des meilleurs petits déjeuners de l'île de Beauté, si on ne devait citer qu'un seul des nombreux talents de Geoffrey, le propriétaire des lieux, ce serait celui d'être un hôte d'exception, toujours aux petits soins pour les visiteurs de sa maison. Elle compte trois chambres et autant de lits pour des repos bien mérités, à 3 km du centre de Corte.

▸ **À Corte,** chemin Saint-Jean, à 3 km du centre ; 04 95 31 80 02 ; msgcorse.booking.site

3 BONNES RAISONS... DE TUTOYER LES ÉTOILES

Un T600 à GoTo, ça vous parle ? C'est un télescope hyperperformant que l'observatoire Stelle di Corsica met à votre disposition pour profiter d'une nuit hors du commun dans les montagnes.

1- Parce que la pollution lumineuse, dans le coin, on connaît pas.

2- Parce qu'on a l'impression d'être tout petit et seul au monde.

3- Parce qu'on peut passer la nuit dans des gîtes qui promeuvent le tourisme durable ou dans la Cabane de l'Alien, une drôle de caravane équipée d'un casque de réalité virtuelle.

▸ **+ d'infos : À Erbajolo** ; 04 95 48 80 07 ; stelle-di-corsica.com

OÙ MANGER ?

La Rivière des Vins

Un rendez-vous convivial des habitants du coin et des étudiants de Corte. On discute de table en table du vin du moment devant une planche de charcuterie et de fromage, ou l'un des plats malins annoncés sur la page FB. Nous, c'était dos de cabillaud, crumble de chorizo, sauce girolles et riz cacahuètes. Juste bon.

▸ **À Corte**, 5, rampe Sainte-Croix ; 04 95 46 37 04.

A Chjusellina

Dans la famille Leonelli, Jean-Max s'occupe des bêtes, son fils Jean-Paul est aux fromages et Nathalie, la maman, veille au bonheur de leurs hôtes. Copieux menu typiquement corse à partir des produits de la ferme (et de ceux de quelques voisins) : terrine de figatellu, beignets de fromage ou veau aux olives font mouche. Pensez à vous annoncer à l'avance.

▸ **À Corte**, lieu-dit Avantu ; 06 22 39 73 12 ; achjusellina.com

L'Acropole

De bons petits plats faits maison avec les légumes du potager, les volailles du poulailler du grand-père et les produits des agriculteurs amis de la vallée, à déguster sur la terrasse panoramique. On peut même garnir sa musette de conserves maison (ah, le sanglier à la myrte !).

▸ **À Asco** ; 04 95 47 83 53 ; acropole-asco.com

A Vecchia Mina

Une ferme-auberge labellisée écotourisme pour s'attabler devant les produits de l'exploitation : charcuterie, veau fermier et légumes du jardin. En prime, l'accueil chaleureux de Stéphane.

▸ **À Ghisoni**, lieu-dit Mignone, 04 95 57 63 42 ; Ouv de juin à septembre.

Le Refuge Orezza

Une valeur refuge, comme son nom l'indique ! Dans cette institution de la Castagniccia, on se régale d'une cuisine goûteuse et généreuse, faite maison et qui sent bon le terroir : charcuterie, cannellonis au brocciu, omelette au fromage frais... Accueil chaleureux, vue sublime, rapport qualité/prix au top, que demander de plus ?

▸ **À Piedicroce** ; 04 95 35 82 65 ; lerefuge-orezza.com

UN VERRE ?

Le Cyrnea

Bergers et étudiants, quelles que soient les générations, s'y retrouvent à toute heure pour s'offrir une myrte locale, taper la belote et échanger les nouvelles – en corse bien sûr ! Parfait pour vraiment ressentir l'âme montagnarde, surtout quand s'y invitent quelques musiciens du pays.

▸ **À Corte**, 1, rue du Professeur-Santiaggi ; 04 95 46 00 32.

ON RAMÈNE QUOI ?

Des huiles essentielles

Domaine Amurreda

Pour préserver la précieuse immortelle d'une cueillette irraisonnée, Marina et Stéphan ont décidé de planter la fleur emblématique de la Corse. Une dizaine de variétés de plantes aromatiques l'ont rejointe pour servir de base à leur production d'huiles essentielles. On visite la distillerie, on participe à des ateliers et on s'offre un massage en plein air au milieu du jardin.

▸ **À Prunelli-di-Fiumorbo,** route de Poggio ; 06 25 61 32 49 ; domaine-amurreda.fr

Du miel

Miels du terroir Corse

Miel de clémentinier, de châtaignier ou tout simplement du maquis (trois miels du maquis différents selon les saisons !), les miels AOP de Philippe sont récoltés de manière artisanale et garantis sans aucun pesticide.

▸ **À Castirla,** pont de Forciolo, Soveria ; miel-terroir-corse.com

Et du côté d'Asco, n'oubliez pas les miels de Saveria Trojani (p. 118) !

C'est quoi le mieux, Ajaccio ou Bastia ?

Ici, à Corte, on est au cœur géographique de l'île et on est neutre (avec quand même une âme farouchement corse). Pour que les deux grandes villes rivales ne se déchirent pas, on a donc choisi cette petite cité d'à peine 6 000 âmes comme capitale historique de la Corse et siège de son université. Donc à votre question, ici, on vous répondra sans doute que le mieux, ben, c'est Corte.

DU CHEVAL EN FAMILLE, C'EST POSSIBLE ?

Quelle bonne idée ! Depuis 1995, Michel et Thierry animent Équiloisirs, un centre aux portes de Corte avec balades d'une demi-journée ou randos équestres sur plusieurs jours. Le petit plus, c'est qu'ils ont développé leur activité en pensant aussi à l'environnement : ils accompagnent par exemple les agriculteurs qui souhaitent passer à la traction animale. Sur place, on vous expliquera tout de leurs belles initiatives !

▸ **À Corte ;** 04 95 61 09 88 ; equiloisirs-fae.com

Et si je suis gourmand ?

La spécialité immanquable du coin, ce sont les falculelle, de petits gâteaux au fromage de chèvre dont la recette est restée inchangée depuis des générations. La pâtisserie Casanova, ouverte depuis 1887 – rien que ça ! – en propose d'excellents.

▸ **À Corte ;** 4, cours Paoli ; patisserie-casanova1887.fr

ÇA CAILLE, non ?

N'exagérons pas, le climat reste méditerranéen avec de magnifiques journées chaudes et ensoleillées l'été. Mais vous êtes quand même à 500 m d'altitude, entouré par des sommets dépassant les 2 000 m : l'influence des montagnes fait donc qu'il y fait toujours un peu frais le soir, ce qui n'est pas plus mal. Après, l'hiver, c'est sûr qu'il y aura de la neige, et pas qu'un peu si vous vous aventurez vers les cols. On peut même faire du ski pas loin (on vous en dit plus p. 119).

Je pars avec trois ados, dites-moi qu'on capte, par pitié...

Mais oui, on vous rassure, les Corses sont super connectés. En tout cas à Corte et dans les villages du Centre.
Après, on va pas vous le cacher, il y a des vallées en complète zone blanche où vous n'aurez même pas le téléphone portable, et où la seule chose à laquelle vos ados pourront se connecter, c'est avec la nature.
Et ça c'est bien :-)

J'aimerais bien bivouaquer, vous avez des plans ?

On le dit, on le répète : le camping sauvage est totalement interdit sur tout le territoire corse (même si, dans les faits, la pratique reste répandue). Si vous cherchez à planter votre tente dans un environnement naturel sans risquer une amende salée, la ferme de Peridundellu, près de Venaco, met son joli terrain arboré à disposition des campeurs. Et en bonus, y a même un sentier qui descend vers de jolies vasques.

▸ Vallée du Vecchio ; 06 95 73 20 66 ; campingvenaco.e-monsite.com

Vous ne parlez pas du lac de Nino ?

Chuuuuut. On avoue, on a essayé de le garder pour nous, car c'est le but d'une chouette rando pas encore trop fréquentée. Au départ de la maison forestière de Poppaghia, sur la D84, un chemin un peu costaud vous conduira en 3h à 1 750 m d'altitude, où s'étend ce joli lac glaciaire entouré de pozzines et de chevaux à moitié sauvages. Et quelle vue ! Les vieilles légendes prétendent que le lac est maléfique et qu'il est l'une des portes de l'enfer, mais, pour nous, il a toute l'apparence d'un paradis. Et vous savez quoi ? On peut même faire la rando avec un âne ! Mais gardez tout ça pour vous, hein ?

▸ **À Albertacce** ; randonnee-ane-corse.com

Elles sont où les peintures rupestres ?

Pas de chance, vous avez confondu la vallée de l'Asco avec la grotte de Lascaux. Cela dit, si vous êtes féru de Préhistoire, y a des sites vraiment très sympas du côté de Sartène (p. 168) !

LA RÉGION D'AJACCIO

HORIZONS XXL

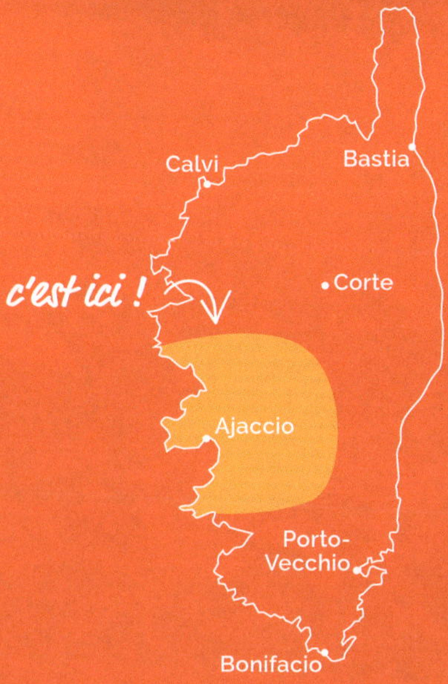

Largement ouverts sur la mer, les deux grands golfes de Sagone et d'Ajaccio sont régulièrement bercés par les vents d'ouest. Les montagnes prennent ici leurs distances, pour laisser place à des collines couvertes d'oliviers, de chênes verts, de vergers ou de vignes... Au programme : randos au grand air, balades sur le rivage, échanges avec des producteurs... Et rencontre à vélo avec Napoléon dans sa cité natale. C'est cadeau, c'est Ajaccio !

CE QUI VOUS ATTEND...

La région en un coup d'œil	136
Best of	138
24h à Ajaccio	142
Les plus belles randos autour d'Ajaccio	144
Le bonheur est dans le pré	146
À vélo avec Napoléon	148
Lacs ou plages : le match	150
Nos super adresses	152
FAQ	154

◁ Les îles Sanguinaires

Vico
Cargèse
3
Sagone
Coggia
Chiosella
Clos d'Alze
Casaglione
5
Golfe de Sagone
MER MÉDITERRANÉE
Calcatoggio
Pevani
Appietto
Tour Pelusella
Golfe de Lava
Partez en balade à vélo avec Napoléon, p.148
Cala di Fica
Plage de Grand Capo di Feno
Plage de Petit Capo di Feno
1
Ajaccio
Pointe de la Parata
Plage de Marinella
Plage de Barbicaja
Porticci
Îles Sanguinaires
4
Golfe d'Ajaccio
Plage d'Agosta
N
Plage de Mare e Sole
0
5
10 km

La région d'Ajaccio en un coup d'œil

Best of

1. Faites du vélo avec Napoléon à Ajaccio
2. Rejoignez Bastelica, bastion historique et gastronomique
3. Ressentez l'appel du large à Cargèse
4. Plongez « responsable » dans le monde du silence
5. Rêvez en vert et avec vue dans le golfe de Sagone
6. Reconnectez-vous à la nature à Vico

1 AJACCIO

Faites du vélo avec Napoléon

Pas besoin d'être un grand cycliste pour suivre les pas de l'enfant terrible d'Ajaccio : mettez-vous en selle sur votre vélo (électrique bien sûr, on est là pour se détendre...) et suivez les étapes. Passages obligés par la maison natale de Bonaparte, par la place du Casone, où le petit Napoléon aimait jouer, par la chapelle impériale du musée Fesch, où sont enterrés la plupart des membres de la famille Bonaparte (dont les parents de l'Empereur)... Et pour finir, bien sûr, la pointe de la Parata, en face des îles Sanguinaires : c'est là que l'Empereur a failli y passer, comme si le nom de l'archipel avait failli être prémonitoire. Pour vite oublier l'anecdote, respirez le grand air et profitez du panorama sur le golfe et les îles (p. 148).

▸ **+ d'infos :** 2, bd Charles-Bonaparte ; 04 95 24 22 03 ; location sur appebike.com

2 BASTELICA

Bastion historique et gastronomique

Ce bourg montagnard de la vallée du Prunelli tient une place de choix dans le cœur des Corses : c'est la patrie de Sampiero Corso, « le plus corse des Corses », grande figure du nationalisme insulaire au 16e siècle… Ça, c'est pour le côté nostalgique. Les épicuriens, eux, retiendront surtout qu'on fait ici les meilleures charcuteries traditionnelles de l'île – et pourtant la concurrence est rude ! Pour embarquer la plus belle planche de figatelli, lonzu, coppa et autre saucisson, direction l'épicerie familiale L'Aziana, où choisir relèvera de l'impossible…

▸+ **d'infos : charcuterie L'Aziana,** Dominicacci, Claude et Sauveur Nunzi ; 04 95 28 71 45 ; charcuterielaziana.com

3 CARGÈSE

Ressentez l'appel du large

Celui que tout le monde appelle à Cargèse « U Ciocciu » (« le hibou » en corse) est un vrai passionné. Guillaume, cuisinier de formation mais pêcheur professionnel autodidacte, vous emmène en mer pour un voyage extraordinaire : avec lui, partez à la découverte d'une faune qu'il connaît sur le bout des doigts et initiez-vous au métier de pêcheur, qu'il pratique de façon artisanale et durable, avec des gestes et des réflexes qui forcent le respect (rejet de prises, ramassage des déchets…). Vous voulez organiser une sortie en journée ou à l'heure de l'apéro ? On vous file son numéro.

▸+ **d'infos :** 06 85 11 67 03 ; durée 4-5h ; départ en fonction de la météo ; prix 50 €/pers. (max 3 pers.)

4 GOLFE D'AJACCIO

Plongez « responsable » dans le monde du silence

Le golfe d'Ajaccio est bien servi : sur les quatre clubs corses qui ont signé la charte internationale du plongeur responsable, deux sont situés dans la baie ! Quand on fait une excursion avec Maeva ou Isula Plongée, on utilise des produits d'entretien biodégradables, on ne fait aucun prélèvement et on ne touche ni aux plantes ni aux poissons… En revanche, concentrez-vous sur le spectacle sous-marin : murènes, mérous, congres, barracudas, gorgones, gros mulets en banc, daurades royales…

▸ **+ d'infos : Maeva Plongée :** à Porticcio ; 04 95 25 02 40 ; maeva-plongee.com
Isula Plongée : à Ajaccio ; 04 95 52 06 39 ; isula-plongee.com

5 GOLFE DE SAGONE

Rêvez en vert et avec vue

Rejoindre le hameau de Pevani, sur la commune de Calcatoggio, c'est déjà tout un voyage : le village est isolé sur une péninsule au pied du Monte Sant'Angelu, la départementale la plus proche est à plus de 4 km, et les GPS sont complètement perdus ! C'est dans ce lieu idéal pour une retraite zen que Sophie a installé ses écogîtes dotés d'un panorama grandiose sur le golfe de Sagone. Le cahier des charges est exemplaire : peinture maison, eau chaude solaire, poêle à bois... Même la déco est faite à partir d'éléments de récup' ! On vous prévient : une fois que vous aurez posé votre sac, vous n'aurez plus du tout envie de bouger.

▸ **+ d'infos :** gîtes A Pevani, à Calcatoggio ; gitesapevani.com

6 VICO

Reconnectez-vous à la nature

Jean-Yves Torre est réputé pour son travail du cuir, ainsi que pour ses connaissances sur la nature, mais surtout, il œuvre pour la réhabilitation des campagnes corses.

Ne manquez pas ses ateliers sur l'artisanat ou les plantes aromatiques, suivis d'une discussion engagée. Une occasion de retisser vos liens avec la nature.

▸ **+ d'infos :** à Vico, lieu-dit l'Alive ; accueil sur rdv au 04 95 26 69 72 ou au 06 32 97 67 31 ; voir p.146.

24 HEURES À AJACCIO

Capitale de la Corse, Ajaccio est, évidemment, un incontournable. Il y a largement de quoi y passer la journée, alors suivez nos conseils pour ne pas en perdre une miette !

8H30

Petit déjeuner corse et farniente

Réveillez-vous à l'**hôtel La Pinède,** là où on ne lésine pas sur les panneaux solaires et les ampoules LED (une borne de recharge électrique attend même votre véhicule). Vous vous souviendrez longtemps du réveil face à la mer et du petit déj. sur la terrasse ensoleillée (ou celle de votre chambre). Au menu : yaourts de brebis, confitures corses aux figues ou aux trois agrumes, jambon blanc aux herbes du maquis, tomme de brebis et œufs fermiers de poules élevées en plein air. Il est l'heure de prendre votre temps...

▸+ **d'infos : Hôtel La Pinède,** route des Îles-Sanguinaires ; la-pinede.com ; 04 95 52 00 44.

9H30

Piscine ou plage ?

Un petit plongeon avant de rejoindre le centre d'Ajaccio ? Vous avez de la chance, la piscine de l'hôtel ouvre dès 9h, mais si vous êtes plus baignade en mer, la petite **plage de Barbicaja** est située juste en face de l'hôtel ! D'ailleurs, rien ne vous empêche de faire les deux...

11H00

Cathédrale et marché

Pour aller à la **cathédrale** (attention, elle ferme entre 11h30 et 14h30), vous avez trois options : monter à bord du bus n° 5, louer un vélo à votre hôtel ou marcher à pied en longeant la grande bleue (comptez 1h pour faire les 5 km jusqu'à la cathédrale). Après la visite de l'intérieur avec ses trompe-l'œil et son tableau de Delacroix, longez la citadelle (elle va ouvrir au public) et rejoignez le **marché couvert,** en face du port. Ambiance corse garantie !

▸+ **d'infos :** marché mar.-dim. 7h-13h (et lun. en saison).

12H30

Déjeuner plein centre

Une petite faim devant les étals du marché ? Choisissez un restaurant autour de la place Foch, située juste à côté. La brasserie L'Instant est une bonne option, avec sa terrasse dans une petite rue piétonne : les salades règnent ici en maître et la plupart des produits sont bio et en circuit court. Pour manger sur le pouce, direction **A Casetta,** une épicerie fine réputée pour ses produits corses.

▸ **+ d'infos : L'Instant,** 1 bis rue Emmanuelle Arène ; Instagram : @brasserie_l_instant • **A Casetta,** 3 av. du Premier Consul ; acasetta-produitscorses.com

14H30

Maison Bonaparte ou marche digestive ?

Vous êtes plutôt d'humeur plongée dans l'histoire ou promenade digestive ? **La Maison Bonaparte** sera l'occasion de réviser toutes vos connaissances sur la biographie de l'enfant terrible d'Ajaccio. Sinon, prenez simplement un peu de hauteur sur le sentier des crêtes : départ du bois des Anglais, à côté de la place du Casone. Surtout, n'oubliez pas la bouteille d'eau !

▸ **+ d'infos : Maison Bonaparte** fermée le lundi ; voir p.148 • **Sentier des crêtes** : ajaccio-tourisme.com/sentier-des-cretes

18H00

Apéro terrasse

Vous aurez l'embarras du choix pour trouver une table en terrasse… Nous, on a un faible pour le **rooftop de l'hôtel Fesch,** avec sa vue imprenable sur les toits de la ville et sur le golfe d'Ajaccio ! En plus, ils font d'excellents cocktails juste sous vos yeux et des glaces 100 % maison qui raviront les enfants.

▸ **+ d'infos : La Terrasse du Fesch,** 7 Rue Cardinal Fesch ; 04 95 51 49 49 ; hotel-fesch.com

19H30

Dîner en amoureux ?

Vous voulez sortir le grand jeu pour le dîner ? Choisissez le resto gastronomique **A Terrazza,** face à la mer. Et si vous préférez les tables intimistes, réservez une table chez **A Cantina Di Ghjulia** !

▸ **+ d'infos : A Terrazza,** 9, cours Lucien Bonaparte ; hotellesmouettes.fr/fr/aterrazza ; **A Cantina Di Ghjulia,** 21-26, Rue Conventionnel Chiappe ; acantinadighjulia.com

21H00

Musique corse

Quelques notes de musique pour finir la journée ? **« Au son des guitares »** est l'institution musicale incontournable pour écouter de la musique live (corse en général). Réservation conseillée !

▸ **+ d'infos :** 7, rue du Roi-de-Rome ; 06 61 86 44 24 ; ouvert du jeudi au samedi ; Instagram : @ ausondesguitaresaiacciu

EXCURSIONS EN BATEAU

Au départ d'Ajaccio, vous pouvez accéder en bateau aux îles Sanguinaires, mais aussi à des sites bien plus éloignés, comme la réserve de Scandola et les falaises de Bonifacio. Une bonne excuse pour rester une journée de plus !

▸ **+ d'infos :** départ du port Tino-Rossi ; ajaccio-tourisme.com (onglet Découvrir, puis Balades et excursions)

Les plus belles randos AUTOUR D'AJACCIO

et très faciles en plus !

Voilà quatre idées de rando parce qu'on n'est pas des feignants… mais des randos faciles parce que, bon, on va pas se mentir, on l'est parfois un peu quand même…

▶ SURPLOMBEZ AJACCIO DEPUIS LE CHEMIN DES CRÊTES

Quittez l'asphalte de l'avenue Nicolas-Pietri en prenant le « chemin du bois des Anglais ». Après un peu d'ombre bienvenue sous les arbres, les premiers lacets vous accueilleront avec des figuiers de Barbarie… tout simplement magnifiques ! Au rocher de Bella Vista, vous verrez, la ville à vos pieds paraîtra déjà toute petite. Sur le chemin des crêtes, attention à ne pas vous noyer dans la végétation avec tous ces chênes verts, ces oliviers sauvages, ces lentisques et cette myrte… Ni à vous cogner contre les taffoni de granit, ces cavités rocheuses naturelles. Cherchez parmi elles le rocher de la Tête de mort, qui porte d'ailleurs bien son nom ! Ce serait même celle du diable (enfin, c'est la légende qui dit ça…). Après 3h de marche, le chemin s'arrête devant la plage de la Terre sacrée. Vous avez dit baignade ? Et puis pour le retour, pas de stress : le bus n° 5 vous ramènera au centre-ville.

Infos pratiques
Durée : 3h (11 km)
Départ : Bois des Anglais (à côté de la place du Casone), arrivée sur la route des Sanguinaires
Niveau : Facile

AFFRONTEZ LE VERTIGE À LA TOUR PELUSELLA

Vous apercevez le petit oratoire dédié à saint Antoine, patron des pêcheurs ? Alors continuez le long de la plage et, quand vous passez devant le panneau « Veuillez tenir vos chiens en laisse (présence de vaches) », c'est que vous avez trouvé le bon chemin ! Le sentier, facile mais non balisé, se faufile au-dessus des eaux, avec ses odeurs d'immortelle, de genêts et de maquis. Au bout, les ruines d'une tour génoise vous attendent (on espère que vous n'avez pas le vertige, ça tombe à pic), avec un panorama... à tomber ! Retour par le même chemin : une dernière baignade devant le couchant ?

Infos pratiques
Durée : 1h30 A/R (3,5 km)
Départ : Pointe nord du golfe de Lava
Niveau : Facile (chaussures de marche recommandées)

LONGEZ L'EMBLÉMATIQUE SENTIER DES DOUANIERS

À 15 min seulement d'Ajaccio, voici l'un des plus beaux tronçons du sentier du littoral corse. Ici, le maquis est resté à l'état sauvage : les cistes de Montpellier, la bruyère et le calicotome velu embaument le parcours. Et la vue sur les îles Sanguinaires et la côte rocheuse est de toute splendeur. Après un peu plus de 1h de marche, prenez une pause méritée à la petite plage de Saint-Antoine (ou plage de Petit Capo, surveillée en juillet et août). Attention, par mer agitée, la baignade est dangereuse mais, si vous êtes plutôt surf, c'est un spot de premier choix ! Pour le retour, mêmes indications... mais dans l'autre sens !

Infos pratiques
Durée : 2h40 A/R (4 km)
Départ : En venant d'Ajaccio, chemin à droite avant la maison du Grand site de France des îles Sanguinaires
Niveau : Facile

REMONTEZ LE TEMPS À MUNA

Engagez-vous dans les gorges du Liamone par la D4, garez-vous quand vous verrez des boîtes aux lettres puis... enfilez vos chaussures de marche ! Pendant 30 min de marche dans une succession d'escaliers (mais la montée reste facile) se révèle peu à peu le village fantôme de Muna, bâti à flanc de montagne et abandonné en 1974. Tout y est resté intact : l'église du 17e siècle, les ruines du moulin à huile, les deux fours publics... En été, le village reprend provisoirement vie : quelques maisons ont été rénovées et certaines ont même été transformées en maison d'hôte !

LE BONHEUR EST DANS LE PRÉ

Aller à la plage, c'est bien beau, mais redonner au territoire un peu de ce qu'on lui prend en voyageant, c'est encore mieux ! Découvrez quatre expériences pour dépasser le statut de touriste et rencontrer vraiment l'âme de la Corse.

SUIVEZ UN ATELIER AVEC JEAN-YVES TORRE

Jean-Yves Torre est à la fois un artisan du cuir hors pair, un paysan, un poète et un éleveur d'ânes. Intrigué ? Prenez la route entre Sagone et Vico et puis dévalez le chemin de l'Aliva (« olive » en corse) sur plusieurs centaines de mètres. Une fois arrivé, inutile de chercher un emplacement délimité pour poser votre tente, vous aurez l'embarras du choix au milieu des arbres fruitiers et des oliviers, ou même au bord d'une source... Sinon, choisissez le gîte en bois autoconstruit, tout droit sorti d'un manga de Miyazaki (il peut accueillir jusqu'à 6 personnes). Toilettes sèches, douches solaires, phytoépuration, compost, légumes et œufs maison, plantes médicinales, mais aussi ateliers de méditation... Le maître des lieux et sa compagne Laura vous enseigneront comment pratiquer l'écologie au quotidien, comme eux-mêmes l'ont fait en construisant leur maison en terre-paille. Ici, oubliez les machines et faites un retour avec la nature, avec les autres et avec vous-même !

▸ **+ d'infos :** À Vico, lieu-dit l'Alive ; accueil sur rdv au 04 95 26 69 72 ou au 06 32 97 67 31.

DÉCOUVREZ DES PÉPITES ARTISANALES AU MILIEU DE LA NATURE

Prenez la petite D56 qui serpente au milieu des chênes verts. Vous remarquez la petite boîte aux lettres verte au milieu d'un virage en épingle à cheveux ? Alors vous êtes arrivé ! C'est ici, au beau milieu de la nature, qu'un couple d'artisans a élu domicile : le coutelier Bertrand Filhol et la potière Roussin Julie. Le premier utilise le bois des alentours (bruyère, mimosa, eucalyptus, etc.) pour fabriquer de superbes couteaux garantis à vie, la seconde travaille principalement avec la faïence blanche.

▶ + **d'infos :** À Coggia, lieu-dit Chiosella ; visite sur r-v au 06 59 03 54 78 ; couteaux-filhol.com et facebook.com/lespoteriesdejulie

RENCONTREZ ANDRÉA, ÉLEVEUSE ET RESTAURATRICE

Son père lui a transmis sa passion pour l'élevage de veaux (une trentaine de bêtes en bio). Et puis, en 2021, Andréa a eu l'occasion de reprendre A Stonda, l'un des plus vieux restos de Sagone. Elle se fait désormais un plaisir de faire goûter la viande de son élevage, notamment un sauté de veau façon parmentier mémorable, sur la grande terrasse qui s'ouvre sur la mer. Bon point pour la cuisson parfaite du chef Anthony ! En prime, vous aurez la possibilité de visiter l'exploitation.

▶ + **d'infos :** À Sagone ; restaurant fermé le lundi ; visite de la ferme sur r-v au 04 95 77 02 87 ; facebook.com/restaurantastonda

REGARDEZ S'ÉPANOUIR LE PLUS HAUT VIGNOBLE CORSE

Le plus haut… et l'un des plus anciens, puisque le Clos d'Alzeto existe depuis 1800 ! Il est exploité avec fierté depuis cinq générations par la famille Albertini, qui est aussi l'une des plus anciennes de l'île (pas de secrets). Le domaine a bien grandi, depuis : il occupe aujourd'hui 57 ha et les trois frères et sœur qui l'exploitent (Alain, Alexis et Brigitte) utilisent uniquement des cépages locaux : vermentinu, sciaccarellu, niellucciu… Pour couronner le tout, le site est tout simplement magnifique ! N'hésitez pas à assister à une visite guidée pour découvrir (ou vous rappeler) des gestes de vignerons.

▶ + **d'infos :** À Sari-d'Orcino, lieu-dit Alzeto ; caves ouvertes lun-sam 9h-12h et 14h-18h30 ; 04 95 52 24 67 ; closdalzeto.com

À vélo AVEC NAPOLÉON

La petite reine pour le grand empereur !

Vous avez encore un peu de temps à passer à Ajaccio, mais vous ne savez plus quoi visiter ? Alors louez un vélo à assistance électrique, et, à votre rythme, partez à la découverte (ou plutôt à la conquête) des lieux emblématiques fréquentés par le jeune Napoléon.

Chapelle impériale

LES PARENTS DE NAPOLÉON

ÉTAPE 1 ▸ 1,5 km

Pour commencer, faites connaissance avec les parents de l'Empereur en descendant dans la crypte de la chapelle impériale : vous y verrez les tombeaux de Charles et Laetitia Bonaparte.

▸ **+ d'infos** : musee-fesch.com

INFOS PRATIQUES

Circuit « Ajaccio, le long des eaux turquoise »
Départ : à 9h ou 14h de la boutique AppeBike, 2, bd Charles-Bonaparte ; 04 95 24 22 03 ; appebike.com
Distance et durée : 15,5 km (3h30)
Prix : 39 € (entrée à la maison natale de Napoléon incluse)

Maison Bonaparte

LA NAISSANCE DE NAPOLÉON

ÉTAPE 2 ▸ 750 m

Le petit Bonaparte est né le 15 août 1769 au 1er étage de la cossue Maison Napoléon. Bon, il ne reste rien d'origine dans la chambre natale… mais la grande galerie vaut le détour : ses 16 m de long et son parquet en noyer servaient de salle de bal. Et puis c'est là que tout a commencé…

▸ **+ d'infos** : rue Saint-Charles ; musees-nationaux-malmaison.fr/musee-maisonbonaparte/

Cathédrale Santa Maria Assunta

LE BAPTÊME DE NAPOLÉON

ÉTAPE 3 ▸ 200 m

C'est dans la cathédrale Santa Maria Assunta, reconnaissable à sa façade ocre, que Napoléon est baptisé le 21 juillet 1771. Impressionnant, non ?

▸ **+ d'infos** : rue Forcioli Conti.

Grotte Napoléon

LE CACHE-CACHE DE NAPOLÉON

ÉTAPE 4 ▸ 1,5 km

Sur la place d'Austerlitz (ou place du Casone), ne vous focalisez pas trop sur l'énorme statue ostentatoire tout en haut de la pyramide et regardez plutôt la petite **grotte Napoléon**, sous les rochers : le petit Bonaparte aimait beaucoup y jouer et s'y cacher !

Maison de Tino Rossi (Le Scudo)

ÉTAPE 5 ▸ 5 km

Vous vous rappelez la chanson *Petit Papa Noël* ? C'est l'Ajaccien Tino Rossi, l'autre enfant chéri de la ville, qui l'a chantée ! Celui qu'on surnommait « Tintin » a vendu 500 millions de disques ! OK, ça n'a pas de rapport avec Napoléon, mais Tino Rossi, quand même, lui aussi nous a conquis...

▸ **+ d'infos :** 2a, route Des Sanguinaires. Propriété privée.

La pointe de la Parata

LE STRESS DE NAPOLÉON

ÉTAPE 6 ▸ 7 km

Le 29 avril 1793, le jeune capitaine Napoléon effectue une inspection de la tour de la Parata, sur la pointe du même nom. Il est alors tout près d'être assassiné, mais il est prévenu juste à temps du guet-apens (vous aussi, vous entendez la petite musique de thriller dans le fond ?)...

VOUS ÊTES...
PLUTÔT LACS ?

IMPROVISEZ UN PIQUE-NIQUE AU BORD DU LAC DE CRENO

Il est perché à 1310 m d'altitude, mais le lac de Creno n'est situé qu'à 1h de marche du parking : la rando est donc accessible à toute la famille ! Au programme, un pique-nique inoubliable à l'ombre des pins laricio, avec vue sur les eaux recouvertes de nénuphars. Une légende veut que le lac soit le résultat d'un coup de marteau donné par le diable en personne... mais selon une autre version (scientifique, celle-là), il a été creusé par d'anciens glaciers. Attention, la baignade est déconseillée et la pêche interdite !

Durée : 2h30 A/R

Difficulté : Facile (310 m de dénivelé)

Départ : Parking au-dessus de Soccia, à 1 000 m d'altitude

ÉCHAPPEZ À LA CHALEUR ESTIVALE AU LAC DE TOLLA

Il fait trop chaud en bord de mer ? Montez donc au lac de Tolla (à 552 m d'altitude) et laissez-vous tenter par une baignade dans les eaux douces ou adonnez-vous aux sports nautiques (embarcations à pédales, paddle, kayaks...). Ce lac de barrage est alimenté par les eaux du fleuve Prunelli : vous apprécierez ses rives plantées de noyers et de châtaigniers... C'est cadeau !

▸ + **d'infos :** centre-nautique-de-tolla.fr

Plage de Grand Capo di Feno

OU PLUTÔT PLAGES ?

SIFFLEZ DU TINO ROSSI SUR LA PLAGE DE MARINELLA

C'est une petite plage ravissante sur la route des Sanguinaires, avec ses eaux transparentes et ses jolis rochers... Son nom vous dit quelque chose ? Vous avez raison, c'est le titre d'une des plus célèbres chansons de Tino Rossi ! On comprend pourquoi il a rendu hommage à la plage...

▶ + **d'infos :** route des Sanguinaires, arrêt de bus Marinella

ADMIREZ LES REFLETS DE LA PLAGE DE MARE E SOLE

Elle est appelée aussi « plage d'Argent », et elle le mérite amplement ! Il faut avouer que les reflets argentés de son sable ont de l'allure, sans parler de la transparence de son eau ! En plus, elle est bordée de pins pour se détendre à l'ombre ou pour organiser un pique-nique.

▶ + **d'infos :** anse de Verghia, 13 km au sud de Porticcio

BAIGNEZ-VOUS À LA PLAGE DE GRAND CAPO DI FENO

Vous préférez les grandes plages de sable blanc avec eaux turquoise, sans construction autour ? Voici celle de Grand Capo, l'une des plus belles de Corse, qui s'étend sur 1 km. Ses vagues enchanteront les surfeurs ! Mais les courants sont violents : attention aux enfants !

▶ + **d'infos :** au nord de la pointe de la Parata par la D111B

NOS *Super* ADRESSES

POINTS DE CHUTE

AJACCIO

Siège de la collectivité de Corse, c'est la plus grande ville de l'île, et ses avenues rectilignes lui donnent l'apparence d'une métropole… Mais rassurez-vous, la cité natale de Napoléon conserve tous les charmes et la douceur d'une bourgade corse !

SAGONE ET VICO

Menacée par des raids, Sagone a jadis été délaissée au profit de Vico, prudemment perchée dans l'arrière-pays. Côté mer ou côté terre, les deux forment une seule et même commune loin de l'agitation urbaine d'Ajaccio : à vous de choisir selon votre humeur !

CARGÈSE

Vous aimez à la fois la Corse et la Grèce ? Direction ce petit port dont la population a des origines helléniques, comme le confirme son église de rite oriental. Un des meilleurs points de chute de la côte ouest, avec le calme en plus.

La carte digitale pour retrouver toutes nos adresses, activités et visites.

OÙ DORMIR ?

Chambre d'hôte Casa Nanuccia

Nuit douillette dans les hauteurs

Vous aimez les matériaux nobles, le bois, la pierre et le fer forgé ? Alors vous allez adorer la maison ancienne de Caroline Ottavi. Elle a rénové sa demeure sans rien dénaturer de l'âme du lieu et selon trois préceptes : simplicité, goût et confort. Un agréable séjour en toute saison, avec la cheminée en hiver et la fraîcheur naturelle de ce village d'altitude en été. Au réveil, confitures et gâteaux maison… Un avant-goût prometteur si vous comptez dîner (sur résa) avec des produits du terroir, bien sûr !

▸ **À Bastelica,** quartier Costa ; casa-nanuccia.fr

Gîtes À Pevani

Écogîtes panoramiques

En arrivant chez Sophie et Jacques, ce sont deux ânes qui vous font l'accueil… Et quelle vue époustouflante sur le golfe de Sagone ! Pour un séjour repos ou en famille, n'hésitez pas une seconde et réservez l'un de leurs gîtes !

▸ **À Calcatoggio** ; 06 09 76 43 96 ; gitesapevani.com

Hôtel La Pinède

Les pieds dans le sable fin

Accessible en bus et à mi-chemin entre les îles Sanguinaires et le vieil Ajaccio, l'hôtel La Pinède est l'endroit où il fait bon poser ses valises. Les plages à quelques mètres, la piscine à quelques pas, vous êtes en vacances !

▸ **À Ajaccio,** plage de Barbicaja, route des Îles Sanguinaires ; ouvert d'avril à oct ; la-pinede.com

Les Jardins de la Casa Murza

Un octogone ou une roulotte ?

Elle est perchée sur une colline au-dessus de Vico et elle fleure bon le maquis… La maison d'hôte de Bernard et Michel cache deux drôles d'écogîtes : une maison octogonale en bois avec toit végétalisé, et une roulotte en bois sculpté, posée au milieu du jardin. Sur place, apprenez à être incollable sur les essences corses en vous aidant des étiquettes !

▸ **À Vico,** lieu-dit Pieve ; casa-murza.com

OÙ MANGER ?

U San Bastianu

Le restaurant de Doumé est une valeur sûre et vous ne pourrez pas le manquer : il est situé sur le col de San Bastianu, qui sépare la région d'Ajaccio du golfe de Sagone. N'hésitez pas à demander des conseils au propriétaire, il est intarissable sur les producteurs de la région.

▸ **À Appietto**, sur la D81, lieu-dit Stolli ; 04 95 28 07 30.

Auberge du col Saint-Georges

Impossible de manquer Marie-Odile Renucci, avec son bandana estampillé d'une tête de Maure. Depuis plusieurs décennies, elle est aux commandes de cette auberge d'altitude, dont la cheminée laisse échapper d'irrésistibles odeurs de viande ou de poisson… Si vous avez quelque chose à célébrer, attablez-vous absolument ici pour vous régaler des produits de la vallée du Taravo : charcuterie maison, figatelli extra, cannellonis au brocciu… Mieux vaut réserver, car la liste de ses habitués est très longue…

▸ **À Grosseto-Prugna**, sur la T40, 196, San Giorgiu Vecchiu ; saintgeorges.inn.fan

U Castellu

Envie d'un dîner 100 % mer ? Réservez une table sur la terrasse en bois qui domine la plage de Sagone et commandez un poisson ou des fruits de mer en fonction de l'arrivage du jour. Et si vous êtes plutôt viande, la carte ne vous oublie pas !

▸ **À Sagone**, sur la D18, le Village de Penisola ; 04 95 51 10 19.

Le Cabanon

Nadine et Loïc misent tout sur la cuisine maison, avec des produits ultra locaux. Il faut dire que nos deux tourtereaux sont aussi des oiseaux de mer, et qu'ils pêchent eux-mêmes leurs poissons et leurs crustacés. Et quand en plus la fraîcheur s'accompagne de mariages osés entre la Corse et les saveurs de l'Asie, il n'y a plus qu'à se laisser porter !

▸ **À Ajaccio**, 4, bd Danièle-Casanova ; 04 95 22 55 90.

UN VERRE ?

Clos d'Alzeto

Les bouteilles de la famille Albertini sont présentes sur toutes les belles tables corses : faites donc directement un tour sur place pour une dégustation et remportez quelques bouteilles (grande vinothèque de vins corses).

▸ **À Sari-d'Orcino**, lieu dit Alzeto ; closdalzeto.com

Bar à vins de La Cave du Cardinal

Voici une bonne alternative aux terrasses à l'heure de l'apéro : pour déguster un vin corse dans une salle voûtée, avec les recommandations top d'un couple de cavistes. Petite épicerie pour accompagner votre verre.

▸ **À Ajaccio**, 18, cours Napoléon ; lacaveducardinal.corsica

Le Roi de Rome

S'il y a une artère à conseiller (hiver comme été), c'est bien la rue du Roi-de-Rome, pile-poil au cœur de la vieille ville, avec notamment cette adresse éponyme. Assis autour de tonneaux, venez déguster des bonnes tapas, siroter d'excellents crus locaux, le tour dans une ambiance musicale !

▸ **À Ajaccio**, 12, rue du Roi-de-Rome ; 04 95 23 84 38 ; Instagram : leroiderome_ajaccio

1755

À quelques pas de la citadelle et de la cathédrale, ce petit bar à vins vous en mettra plein les yeux. Grâce à des conseils avisés, vous découvrirez des crus succulents, accompagnés de plats comme à la maison (charcuterie et tapas). Vous serez victime de son succès.

▸ **À Ajaccio**, 15, rue du Roi de Rome ; baravin1755.com

ON RAMÈNE QUOI ?

Contamì

Ce concept store est le lieu idéal si vous cherchez une effigie qui tourne autour de Napoléon. Bonaparte apparaît sous toutes les coutures : en sculpture, en mugs, en forme de Playmobil…

▸ **À Ajaccio,** 41, rue du Cardinal Fesch ; Instagram : contami_contami

Ethicorse

Pour faire vos emplettes de produits corses éthiques et responsables. Ici, ce sont des produits issus de l'artisanat et de la production locale qui vous sont proposés. De quoi allier l'utile à l'agréable !

▸ **À Ajaccio,** 1 bis, rue des Trois Marie ; ethicorse.fr

Domaine de Tremica

L'appellation AOC Ajaccio regorge de producteurs qui accueillent le public (sur réservation). Parmi eux, le domaine de Tremica et ses 6 ha à Casaglione est tenu par un couple, Richard et Angelica, dont la femme est œnologue.

▸ **À Casaglione,** lieu-dit Palaghja ; 06 13 49 06 42 ; domaine-de-tremica.com

Monument de napoléon 1er

FAQ ?

Comment on arrive ?

En bateau, bien sûr, car on trouve de nombreux ferrys depuis le continent. Et si vous avez déjà un pied en Corse, c'est encore plus simple et garanti sans mal de mer : on prend le train ! Une ligne traverse tout le massif corse depuis Bastia ou Calvi, en passant par Corte.

▸ **Horaires des trains** : cf-corse.corsica/horaires

ÇA RIGOLE PAS AVEC NAPOLÉON...

Vous aussi, vous avez remarqué ? L'enfant terrible d'Ajaccio est absolument partout, sur les plaques de rues, sur les statues, sur les T-shirts... Et vous n'avez pas tout vu ! Pour un vrai aperçu de l'importance qu'on lui accorde, venez autour du 15 août : à l'occasion des Journées napoléoniennes (organisées par l'Office de Tourisme d'Ajaccio), la ville entière ne vit que pour l'Empereur et des centaines de figurants en costumes d'époque nous replongent deux siècles en arrière.

IL PLEUT, VOUS ME CONSEILLEZ QUOI ?

On va déjà vous conseiller un désenvoûtement, parce que, honnêtement, c'est vraiment pas de chance. La bonne nouvelle, c'est que c'est l'occasion rêvée de vous abriter dans les galeries du palais Fesch, qui comprend l'une des plus belles collections de peinture italienne de l'Hexagone (Le Titien, Bellini, Botticelli...). En plus, le palais permet aussi d'accéder à la chapelle impériale, où sont enterrés la plupart des membres de la famille Bonaparte (en particulier ses parents).

▸ **À Ajaccio**, 50, rue du Cardinal-Fesch ; musee-fesch.com

UNE IDÉE POUR UNE VIRÉE EN ALTITUDE ?

Et même une très bonne idée : la vallée de la Gravona, très facile d'accès (il suffit de suivre les panneaux « Corte ») et rapidement dépaysante ! À Bocognano, profitez-en pour pousser sur 3 km par la D27 : depuis le petit parking, une marche courte mais un peu ardue vous conduira au **Voile de la Mariée**, une impressionnante cascade de 70 m de haut ! Évitez de venir en été, c'est bien souvent un simple filet d'eau...

On débarque tôt à Ajaccio, une adresse pour un petit déj ?

En saison, précipitez-vous à la **Maison Galéani**, LA boulangerie-pâtisserie historique de la ville (fondée en 1830 !) qui offre une poignée de tables dans la rue piétonne. Ses canistrellis sont réputés dans toute l'île !

▸ **À Ajaccio**, 3, rue du Cardinal-Fesch ; 04 95 21 39 68 ; Instagram : @boulangerie.galeani

Une plage secrète, ça existe par ici ?

Mais oui, même par ici, ça existe... et ça se mérite ! Enfilez votre plus beau maillot et de bonnes chaussures, et c'est parti pour au moins 1h30 de marche depuis la plage de Grand Capo di Feno. Direction plein nord par le sentier littoral qui s'enfonce dans un bois d'eucalyptus, jusqu'à la plage de sable fin de Cala di Fica, une merveille d'eau turquoise quasiment vierge de tout aménagement. Et la surprise, c'est qu'on s'y baigne à côté de quelques ânes !

▸ lacorseapetitspas.com/cala-di-fica

LE SARTENAIS ET L'ALTA ROCCA

L'ART DE PRENDRE DE LA HAUTEUR

Une nature indomptée époustouflante, des forêts, des montagnes, des vallées et au milieu – ô surprise ! – quelques villages perchés, le Sartenais et l'Alta Rocca sont un terrain de jeu idéal pour la randonnée, avec des virées canyoning pour les plus sportifs. Sans oublier les cascades ni les plages, évidemment, car la région n'est pas en manque de sable blanc...

CE QUI VOUS ATTEND...

La région en un coup d'œil	158
Best of	160
Sartène, un peu, beaucoup...	164
3 villages perchés au top !	166
Dolmens et menhirs	168
Prendre 8 000 kcal en 12h	170
Perdre 8000 kcal en 12h	172
4 activités pour petits (et grands)	174
Eau de mer VS eau douce	176
3 randos dans l'Alta Rocca	178
Notre top 4 des canyons	180
Nos super adresses	182
FAQ	184

◁ Les aiguilles de Bavella

LE SARTENAIS ET L'ALTA ROCCA
EN UN COUP D'ŒIL
N
Guitera-les-Bains
Zévaco
Corrano
Cognocoli-Monticchi
Petreto-Bicchisano
Aullène
Stiliccione
4
Filitosa
Sollacaro
Canyon de Baracci
Col de Siu
Plage de Cupabia
Serra-di-Ferro
Santa-Maria-Figaniella
Zoza
Cuntorba
Fozzano
Sainte-Lucie-de-Tallano
Golfe de Valinco
Propriano
Bains de Caldane
Plage de Campomoro
Saparella
1
Sartène
Belvédère-Campomoro
Acciola
Orasi
Phare de Senetosa
Plage de Tivella
Tizzano
Plage de Tradicettu
Minora
Plateau de Cauria
Plage d'Argent
6
Roccapina
Plage de Roccapina
0
5
10 km

BEST OF

1. Ressentez l'âme corse à Sartène
2. Prenez un bain de forêt aux aiguilles de Bavella
3. Cherchez votre village perché préféré dans l'Alta Rocca
4. Remontez le temps à Filitosa
5. Échappez-vous sur le sauvage plateau du Coscione
6. Let's go to THE Beach à Roccapina !
7. Transpirez avec vue au canyon du Pulischellu

1 SARTÈNE

Plus corse, tu meurs

« Tu meurs » n'est peut-être pas l'expression la plus appropriée dans une ville autrefois célèbre pour son code de l'honneur et ses vendettas... Sartène, c'est un vrai condensé d'âme corse pur jus, avec ses dignes maisons de granit cramponnées à la colline, ses traditions ancestrales encore bien vivaces (venez le Vendredi saint, vous comprendrez) et ses nobles habitants, fiers de leurs origines et de leurs coutumes. Et que dire de sa gastronomie ? C'est une véritable explosion de couleurs et de senteurs du maquis. On vous en dit plus p. 164.

2 LES AIGUILLES DE BAVELLA

Prenez un bain de forêt

Ces hautes murailles de granit sont l'un des clichés les plus célèbres de la Corse, mais ne vous contentez pas de prendre une simple photo, comme tous les touristes. Les aiguilles de Bavella sont traversées par plusieurs sentiers de randonnée, qui offrent une parenthèse enchanteresse dans une nature indomptable et indomptée. Un conseil : asseyez-vous simplement sur un rocher et cherchez du regard les mouflons et les majestueux gypaètes barbus.

3 ZONZA, LEVIE, CARBINI & CIE

La battle des villages

Sur l'île de Beauté, les plages n'ont pas le monopole du (coup de) cœur ! Faites un détour par un des villages de l'Alta Rocca et on parie que vous succomberez à l'appel de la montagne. Reste à deviner lequel vous allez préférer : Zonza et ses ruelles bordées de maisons de pierres ? Levie et son envoûtant musée préhistorique (voir p. 166) ? Fozzano et ses passages voûtés ? Sainte-Lucie-de-Tallano et ses moulins à huile (voir p. 167) ? Carbini et ses cabanes de bergers ? À chacun ses trésors d'authenticité !

4 FILITOSA

Remontez le temps

Vous rêvez d'aller un jour voir l'île de Pâques et ses moais, au milieu du Pacifique ? Rendez-vous à Filitosa : c'est un peu pareil, mais au milieu de la Méditerranée ! Si la comparaison est un poil exagérée, une chose est sûre, avec ses énigmatiques statues-menhirs de granit, Filitosa est le site le plus important de la Préhistoire corse. Préparez-vous à un plongeon dans 8 000 ans d'histoire humaine. Vertigineux et émouvant, un peu comme l'île de Pâques ! Voir p. 168.

▸ + **d'infos :** tlj d'avril à oct. de 9h à 19h ; filitosa.fr

5 PLATEAU DU COSCIONE

Échappée sauvage loin du tumulte

À 1500 m d'altitude, on rejoint ici un autre royaume, celui de la chlorophylle et du silence. On y croise des pozzines, de petites mares d'eau cernées d'une pelouse vert pomme, carrément fascinantes. Bon point : les légers dénivelés des sentiers ne feront pas peur aux enfants. Et grâce aux vaches, chevaux, moutons et autres cochons qu'ils croiseront pendant la balade, promis, ils ne pourront pas vous dire qu'ils s'ennuient ! Voir p. 178.

▸ **+ d'infos :** plusieurs randonnées de 2h à 5 h au départ du centre d'accueil de Bucchinera.

OSEZ UN ROAD TRIP SUR LES ROUTES CORSES

Les routes les plus belles sont souvent les plus capricieuses ! Et celles qui sillonnent l'Alta Rocca ne font pas exception à la règle : elles sont souvent chaotiques et sinueuses, mais toujours époustouflantes. Là où ça se complique, en revanche, c'est quand toute la faune locale s'en mêle. Gardez votre sang-froid quand vous croiserez d'imperturbables vaches avançant en file indienne, des brebis broutant au détour d'un virage ou quand il faudra laisser la priorité à des cochons noirs, peu pressés de traverser. Bref, pour que votre road trip reste inoubliable, pensez à partager le bitume avec nos amies les bêtes et levez le pied de l'accélérateur. De toute façon, vous n'aurez pas le choix...

6 PLAGE DE ROCCAPINA

Let's go to THE beach!

Ne cherchez plus, le paradis a un nom : Roccapina. Mais cette plage de sable blanc se mérite : passé le belvédère où on contemple la célèbre silhouette de lion et sa tour génoise, il faut encaisser 2 km d'une route complètement cabossée pour rejoindre le littoral. Mais sur place, c'est que du bonheur, où vous pourrez, à loisir, ne RIEN faire. En y réfléchissant, y a bien deux-trois activités sympas sur place : peaufiner votre bronzage, lire un bon roman, faire quelques brasses dans les eaux turquoise...

7 CANYON DU PULISCHELLU

Transpirez avec vue

Brûler des calories, OK, mais uniquement quand le paysage est sublime, on est d'accord ? Pour y ajouter de la nage en eau vive, des sauts et des glissages sur des toboggans naturels, offrez-vous une séance de canyoning dans le canyon du Pulischellu. Sympa, patient, rassurant, Carlos est un guide parfait, pour les petits comme pour les grands. Voir p. 180.

▸ + **d'infos :** corse-montagne.com

SARTÈNE

UN PEU, BEAUCOUP, PASSIONNÉMENT

« La plus corse des villes corses. » C'est avec les mots de Prosper Mérimée en tête qu'on arrive à Sartène. Rugueux mais accueillants, fiers mais généreux : ce lieu, comme ses habitants, c'est tout ça, et plus encore.

ARPENTER LES RUELLES PAVÉES

Ici, ce sont les murs qui racontent le mieux les histoires, et pas seulement après le coucher du soleil... Les imposantes demeures de granit gris de Sartène ont été construites par les Génois au 16e siècle, en hauteur, pour les protéger des ennemis. En vain... Ici, on a longtemps connu des raids de pirates barbaresques, ou même des vendettas entre locaux. Aujourd'hui, pas d'inquiétude : la paix est revenue, et il fait bon se promener, entre amis ou en famille, dans ces ruelles étroites et pentues. L'été, elles apportent une ombre bienvenue qui rend la balade encore plus délicieuse.

PRENEZ-VOUS POUR INDIANA JONES

Direction le musée de Préhistoire corse et d'Archéologie pour vous lancer dans une trépidante chasse au trésor. Où sont les menhirs ? Les outils en bronze ? Les vases funéraires ? À vos marques, prêts, cherchez !

▶ **+ d'infos :** bd Jacques-Nicolaï ; 04 95 77 01 09.

GOÛTEZ LE MEILLEUR DE LA CORSE

Dans une bâtisse toute de pierres vêtue, la Cave sartenaise fait chavirer les papilles de ses clients depuis 1955. Il faut dire que cette épicerie rassemble la crème de la crème : coppa, lonzu ou figatelli, vins – locaux évidemment –, huiles d'olive AOC, fromages fermiers, confitures maison... Vous ne savez que choisir ? Vous pouvez tout goûter chez A Cantina, juste en face !

▶ **+ d'infos :** La cave sartenaise, place Porta ; lacavesartenaise.com

REFAIRE LE MONDE EN TERRASSE

Pour prendre le pouls de la vie sartenaise, rien de tel que de venir s'installer dans l'un des cafés de la place Porta. Vous y trinquerez avec les locaux (d'ailleurs, ne soyez pas étonné si l'un d'entre eux vous paie votre verre, ce n'est pas rare !), une occasion en or de tester l'hospitalité et l'humour insulaires.

▶ **+ d'infos :** Café de la Victoire, 2, place Porta ; 04 95 77 05 08.

C'EST QUI, L'HOMME EN ROUGE ?

Chaque Vendredi saint, un personnage cagoulé et vêtu de rouge parcourt Sartène pieds nus en portant une croix de 37 kg et une chaîne de 17 kg à la cheville (respect). Ne cherchez pas à savoir qui c'est : le « grand pénitent » de la procession du Catenacciu, qui reconstitue la Passion du Christ, est choisi anonymement, et personne ne doit connaître son identité. Un événement aussi fascinant que troublant.

3 VILLAGES PERCHÉS AU TOP !

avec option terrasse !

Pour fuir les foules estivales, il suffit de prendre de la hauteur. Dans ces villages perchés, pas le choix, on adopte la slow life. Et c'est divin !

1 Levie

Je mesure 1,54 m. J'ai vécu en - 7500 ans avant J.-C. et je n'ai pas dépassé la trentaine. Je suis... je suis... la célèbre « Dame de Bonifacio », bien sûr ! Vous pourrez retrouver son squelette – parmi bien d'autres trouvailles – au musée de l'Alta Rocca, à Levie, très joli village perché à 600 m d'altitude. Si vous avez des enfants, pas de panique : l'équipe leur remettra un livret-jeux à l'entrée du musée, pour leur permettre de tout apprendre sur l'histoire et l'identité de ce territoire tout en s'amusant !

▶ **Boire un verre :** bar E Petri Bianchi, sur la D268 ; 04 95 78 40 08.

1, 2, 3... BULLEZ !

Pour se sentir zen comme un moine et retrouver une peau de bébé, y a pas mieux que les Bains de Caldane. Trois bassins creusés à même le sol, en plein air, avec comme seule bande sonore le bruissement du vent dans les arbres. Et une eau naturellement chaude (37 °C), légèrement sulfurée et connue pour ses vertus thérapeutiques. Re-po-sant !

▶ **+ d'infos :** résidence hôtelière Les Caldanes, Sainte-Lucie-de-Tallano ; hotelresidence-caldane.com

2 Quenza

Voisine du plateau du Coscione et adossée aux aiguilles de Bavella : on peut clairement dire qu'au grand tirage au sort des emplacements les plus féeriques, Quenza a décroché le gros lot ! Ses 200 habitants l'hiver (800 l'été) peuvent en plus se vanter d'être dans un très joli village, avec ses vieilles maisons de granit gris, son église Saint-Georges et ses trésors d'art sacré, ou son château de style toscan et son parc dédié à l'art contemporain. Rien que ça !

▶ **Boire un verre :** Café U Centru ; 06 50 83 38 52 ; facebook.com/cafeucentru

CHÂTEAU DE QUENZA

3 Sainte-Lucie-de-Tallano

Perchées à 450 m d'altitude et cernées par les sommets de l'Alta Rocca, les maisons de granit donnent à ce village des airs de carte postale. Alors n'hésitez pas à flâner dans ses ruelles étroites, où vous devriez sans trop de problèmes dénicher de l'huile d'olive, la fierté du coin. Des flacons à glisser dans sa valise, et qui feront toujours plaisir aux beaux-parents.

▶ **Boire un verre :** Le Sporting ; 04 95 23 06 17 ; facebook.com/lesporting

TROUVEZ VOTRE SOSIE PARMI LES DOLMENS ET MENHIRS

Coucou la Bretagne !

Oh, de gigantesques rochers avec... des têtes ! Observez attentivement les curieuses figures des sites préhistoriques de Corse-du-Sud... vous reconnaîtrez peut-être une expression familière. Et surtout, ne paniquez pas : ils resteront de marbre tout en vous livrant une leçon d'histoire, sans livre, sans salle de classe, et à ciel ouvert. Insolite, passionnant, voici un résumé de l'histoire corse...

FILITOSA

Des menhirs et des énigmes

« Mais que signifient réellement ces statues-menhirs ? » C'est la question à 1 million d'euros, à laquelle les experts n'ont toujours pas répondu. Mais ce n'est pas grave : ce lieu plaira aux petits comme aux grands. Près de l'entrée, un colosse, Filitosa V, statue-menhir de 3 m de haut et plus de 2 tonnes, armée d'une épée et d'un poignard. Et puis plus loin, d'autres mégalithes au visage sculpté, d'un réalisme troublant... Et partout la sensation troublante de marcher sur les pas des chasseurs-cueilleurs, les premiers à s'installer ici, il y a des milliers d'années. La promenade (environ 1h) est apaisante et pleine de mystères, et vous pouvez conclure cette expérience par la visite du musée.

▸ **+ d'infos :** sur la D57, Sollacaro ; filitosa.fr

CAURIA, ET AU MILIEU POUSSE UN DOLMEN

Ce plateau rassemble plusieurs menhirs sculptés (les alignements de Stantari, de Rinaghju et de Palaggiu) et un seul dolmen… Mais quel dolmen ! Funtanaccia – c'est son nom – pèse plus de 15 t ! Comptez 1h pour faire la boucle sur ce plateau, où vous croiserez aussi des vaches et des cochons, moins stoïques.

▶ **+ d'infos :** au sud de Sartène par la D48A ; isula.corsica/patrimoine

CUCURUZZU, CHAOS DE GRANIT

Une balade au milieu du maquis vous mènera à cet endroit, construit par les hommes de l'âge du bronze (II-Ier millénaire avant notre ère). Au milieu d'un joyeux désordre de roches granitiques, vous pourrez imaginer vos ancêtres s'adonner à des activités comme la poterie, le tissage ou la boucherie dans ces petits abris. Le lieu a été découvert en 1959, camouflé sous une épaisse végétation, par l'archéologue Roger Grosjean.

▶ **+ d'infos :** au dessus de Levie, suivre les panneaux « Cucuruzzu-Capula » ; isula.corsica/patrimoine

CUNTORBA, CONTE DE PIERRES

Ces jolies ruines valent autant pour leur aspect – c'est un castello, l'ancêtre de nos châteaux, où des femmes et des hommes vécurent à l'abri de hauts murs d'enceinte il y a 3000 ans – que pour son site au milieu des oliviers et des chênes verts, avec une vue de rêve sur le golfe du Valinco.

▶ **+ d'infos :** À Olmeto, à 10 km au nord de Propriano.

Menhir à Filitosa

RÉGIME CORSE #1
PRENDRE 8 000 KCAL EN 12H

« Le meilleur moyen de résister à la tentation, c'est d'y céder. » On ne peut que donner raison à Oscar Wilde. Surtout quand on est en Corse, face à des produits gourmands dont la seule pensée suffit à mettre l'eau à la bouche. Un conseil : faites une croix sur votre régime pour quelques jours...

DE L'HUILE D'OLIVE

Il y a fooort longtemps, les ânes avaient leur place au moulin, pour tracter la meule permettant d'extraire l'or jaune des olives. Jean-Christophe Arrii, un oléiculteur passionné, a décidé de faire un bond de 300 ans dans le passé, en fonctionnant de la même manière. Il vous expliquera tous ses secrets de fabrication ! On adore le résultat : une huile d'olive douce aux notes de fleurs de maquis et fruits secs.

+ d'infos : U Palazzu di Talla, à Sainte-Lucie-de-Tallano ; ouvert tlj de mai à septembre et sur rdv d'octobre à avril ; 04 95 70 23 01.

DES MARRONS GLACÉS

Si la fabrication des marrons glacés était un art, Véronique Léoni pourrait en être sa muse. Dans son atelier/boutique de poche, elle énumère les différentes étapes pour obtenir le produit parfait : 1, l'épluchage pour se débarrasser de la coque marron. 2, le brossage, pour retirer la petite peau fine. 3, le confisage, pendant lequel les châtaignes prennent un long bain dans un sirop de sucre. 4, le glaçage, quand le produit est enrobé de sucre glace et passé au four. 5, l'emballage dans un joli papier doré. Enfin, dernière étape : la dégustation, bien sûr ! En prenant son temps, hein, pour bien savourer le léger croquant de la coque, et tout le moelleux à l'intérieur. Un délice !

+ d'infos : **Casa di a Castagna,** quartier Pucasa, à Zévaco ; casadiacastagna.fr

DU MIEL

Avec 250 ruches réparties à toutes les altitudes dans la région sartenaise, les abeilles corses de Georges Preziosi peuvent butiner 365 jours par an. Une chance pour les consommateurs, qui peuvent se régaler de miels très différents (lavande, romarin, bruyère, thym, chêne...), du plus floral au plus puissant.

+ d'infos : **miellerie U Campu Tondu,** route de Tizzano, Sartène ; 06 23 53 82 07.

LA CRÈME DE LA CRÈME DES PRODUITS CORSES

Fromages ? Check! Charcuteries ? Check! Confitures, miels, huile d'olive, canistrellis maison ? Check! On vous le dit, si vous entrez dans cette épicerie, vous n'en sortirez pas les mains (ni le ventre) vides. À Zonza, assurément, le bonheur est dans l'assiette.

+ d'infos : **épicerie A Muvra,** D368, 123 Strada d'Iddarata à Zonza ; ouvert d'avril à oct. ; 04 95 78 63 57.

RÉGIME CORSE #2

PERDRE 8 000 KCAL EN 12H*

Pour ne pas être trop fâché avec votre balance, après les excès de la page précédente, on vous propose des activités pour faire accélérer votre rythme cardiaque. Le tout, bien sûr, dans des décors féeriques, parce que, quand même, on n'est pas venu là que pour souffrir.

▶ ON MUSCLE SES BRAS

Écolo *friendly*, ludique, un brin sportif, mais pas trop, le kayak de mer coche toutes les cases. Ici, vous découvrirez les rochers polis de la plage de Tivella, et ses petites criques si sereines. Seul le bruit des pagaies sur l'eau risque de troubler votre tranquillité (mais vous seriez tatillon). Vous voilà parti pour une balade de 4h, entrecoupée d'une pause baignade dans les piscines naturelles, de sauts dans les rochers et d'une dégustation de canistrellis. *What else?*

▸ **+ d'infos : Acqua Mondo**, départ de la plage de Tizzano ; 06 14 23 50 93 ; acqua-mondo.com

* *ou presque*

ON LA JOUE COMME SPIDER-MAN

Moniteur d'escalade, Romain a la passion contagieuse. Que l'on souhaite s'initier, progresser ou se perfectionner, ses conseils sont précieux. Et le massif de Bavella et ses falaises de granit sont le parfait terrain de jeu. Alors on n'hésite plus, on met son casque et on s'accroche !

+ d'infos : AcquaRocca, à Levie ; 06 73 86 53 09 ; escaladecanyoncorse.com

ON TRAVAILLE SES MOLLETS

Découvrir le monde derrière le guidon d'un vélo, on adore. Et quand on veut un peu d'aide, on le choisit électrique. Bien équipé, vous n'aurez plus qu'à choisir votre camp : mer ou montagne ? Pour les adeptes du littoral, on recommande d'aller de Propriano jusqu'à la belle plage de sable blanc de Campomoro (40 km aller-retour). Sur la route, la mer à perte de vue...

Deuxième option : s'attaquer au col de Siu. De Propriano, empruntez la D19. Sur le chemin, de superbes roches rouges comme brûlées par le soleil, le maquis, et arrivé tout en haut, une vue imprenable sur le golfe de Valinco (42 km aller-retour).

+ d'infos : location de vélos Tex Racing, 7, rue de la Marine, à Propriano ; 06 03 53 55 62 ; texracing.shop

ON FAIT LE GRAND SAUT

Non, on ne parle pas de demande en mariage... mais d'un autre grand saut qui devrait lui aussi faire battre plus vite votre cœur. Imaginez un instant : vous montez à 4 000 m d'altitude. Vous respirez un bon coup, et votre tandem (expérimenté, lui) vous fait basculer dans le vide. Bien plus bas, un paysage onirique, entre mer et montagnes. Et vous vous dites que c'est vrai, la Terre est vraiment plus belle vue d'en haut...

+ d'infos : école de parachutisme du Valinco, aérodrome de Tavaria, à Propriano ; 06 75 73 98 74 ; réserver au moins 2 mois en avance ; corseparachutisme.fr

FAMILY BREAK

4 ACTIVITÉS POUR PETITS (ET GRANDS)

Partir en vacances en tribu, c'est toujours un challenge : celui de satisfaire les enfants… comme les grands. Voici, rien que pour vous, quelques idées dans lesquelles piocher afin de ravir toute la famille.

S'AMUSER DANS LA FORÊT ENCHANTÉE

Chuuuut ! Il y aurait des fées qui se cachent à Corrano. Selon certaines indiscrétions, elles se trouveraient dans ce parc. Courez-y, vos enfants seront ravis ! Des agrès pour jouer les équilibristes, un odorama sur les champignons, une table du jeu de l'oie, des empreintes d'animaux à toucher, un miroir déformant, un labyrinthe… Le tout à côté du fleuve Taravo, un lieu inspirant… et magique !

▸ + **d'infos :** D757, Corrano.

SE PRENDRE POUR TARZAN

Des lianes et des tyroliennes, des tunnels suspendus et des filets : ce parc accrobranche coche toutes les cases pour passer un excellent moment en famille. Non seulement les parcours sont vraiment top, mais en plus l'équipe est d'une grande gentillesse, ce qui n'est jamais de trop ! Vous y trouverez aussi plein de jeux « bonus » comme une table de ping-pong ou un baby-foot. Et pour ceux qui veulent jouer les prolongations, des tables de pique-nique. Ah oui, on allait oublier : il y a aussi une rivière à côté si l'envie vous prend de piquer une tête. Un sans-faute !

▸ **+ d'infos : Parc Aventure Petreto,** route de Moca, à Petreto-Bicchisano ; 07 82 79 09 96 ; parc-aventure-petreto.fr ; accessible dès 3 ans.

RENCONTRER LES DAUPHINS

Qui dit Campomoro dit sable blanc, eau turquoise et... dauphins ! Ces facétieux cétacés montrent souvent leur jolie frimousse au large. Comment s'approcher sans les perturber ? En kayak de mer bien sûr ! Vous pourrez en louer directement sur la plage. Observez-les faire des cabrioles, émerveillez-vous, mais, pour leur bien-être, ne nagez pas avec eux (c'est interdit depuis 2021) et bien sûr, n'essayez pas de les toucher !

▸ **+ d'infos : Sud Nautik,** à Belvédère-Campomoro ; 06 14 11 68 82 ; sudnautik.com

ALLER À LA FERME... ET UN PEU PLUS

D'abord, vous verrez des ânes et des chevaux en semi-liberté. Dans la basse-cour, des poules et des canards. Sur les rochers, des chèvres et des boucs équilibristes... Tout ce petit monde est mandaté pour vous accueillir sur 22 ha pendant votre escapade... Après les animaux, place au sentier botanique, calme et très parfumé. L'occasion d'en apprendre plus sur de nombreux végétaux de l'île : chênes-lièges, bruyères, cistes et autres immortelles.

▸ **+ d'infos : parc naturel d'Olva,** route de la Castagna Olva, D69, à Sartène ; 06 11 75 29 64 ; parc-animalier-corse.com

EAU DE MER VS EAU DOUCE

UN MATCH QUI NE MANQUE PAS DE SEL !

Fériques, époustouflantes, magiques : les piscines naturelles et les plages de la région sont tout ça à la fois. Reste à choisir votre camp : team cascades et eau fraîche, ou team eau chaude et sable qui colle ? Dans les deux cas, l'eau sera transparente !

CÔTÉ EAU SALÉE, DES CONCURRENTS POIDS LOURDS

▶ PLAGE D'ARGENT

Est-ce que ça vaut le coup ? On vous donne un indice pour répondre : son sable aux reflets argentés lui a donné son nom... Sachez qu'il faut marcher 30 min pour y accéder, mais c'est une chance car elle n'est jamais bondée, même au pic de l'été. De quoi profiter sereinement de ses eaux transparentes, aux côtés de charmants petits poissons.

▸ + **d'infos :** entre Tizzano et Roccapina, accès depuis la plage de Tradicettu.

▶ PLAGE DE TIVELLA

Alors c'est vrai, vous allez devoir marcher une bonne heure depuis **Tizzano**. Mais quand vous arriverez, tous vos efforts seront immédiatement effacés, car vous vous trouverez tout simplement devant l'une des plus belles plages sauvages de l'île. Et si vous avez la flemme, pas de panique : allez-y en bateau !

▸ + **d'infos :** bateau depuis Propriano ; 06 76 49 35 30 ; propriano-promenadeenmer.fr

PLAGE D'ARGENT

CÔTÉ EAU DOUCE, DES OUTSIDERS ÉPOUSTOUFLANTS

PISCINES NATURELLES DE LA SOLENZARA

Avec sa collection de piscines naturelles vert émeraude, cette rivière a tout pour elle. Malheureusement, le secret a été ébruité, et certains de ses spots sont pris d'assaut. Pour éviter la foule, deux conseils : réveillez-vous tôt, et n'hésitez pas à marcher un peu. Plus vous monterez, plus vous aurez l'impression d'être seul au monde.

+ d'infos : le long de la D268 entre Bavella et Solenzara.

PISCINES NATURELLES DE ZOZA

Un petit village oublié des touristes. Et puis, un peu plus bas, un joli pont sur le Rizzanese. Et puis, juste derrière le pont, un profond bassin dans lequel se jette une cascade. Vous en voulez plus ? Descendez la rivière pour poser votre serviette sur les grandes dalles de granit qui se succèdent sur des centaines de mètres. Il reste un mystère : comment un site aussi magnifique peut-il être à ce point ignoré des touristes ? On n'a pas la réponse, mais on ne va pas s'en plaindre !

+ d'infos : garez-vous sur le parking de Zoza et marchez 10 min pour accéder à la rivière.

TEST D'ÉTÉ : ÊTES-VOUS PLUTÔT EAU SALÉE OU EAU DOUCE ?

QUESTION 1 : vous préférez :
A. L'eau salée **B.** L'eau douce.

VOUS AVEZ PLUS DE A : bravo, vous préférez l'eau salée, la plage et le sable fin. Et comme en plus, en Corse, l'eau de mer est souvent chaude, vous allez être bien.

VOUS AVEZ PLUS DE B : bravo, vous préférez l'eau douce, les piscines naturelles et les cascades. Et comme en plus, en Corse, l'eau des rivières est souvent fraîche, vous allez être bien.

3 randos pour s'oxygéner DANS LE MASSIF DE L'ALTA ROCCA

Des roches couleur d'orage, des sommets acérés, des pozzines et des mouflons, face à l'Alta Rocca… Oui, vraiment, que la montagne est belle !

De l'eau, de l'air, la vie…

1 Le plateau du Coscione

Et au milieu coulent des pozzines…

Le vert est la couleur de ce si beau plateau. Vert pomme des vastes prairies, agrémenté du bleu lavande des pozzines, ces trous d'eau si photogéniques, et du bleu azur du ciel… Oui, on la joue lyrique, mais vous verrez par vous-même : sur cette étendue parsemée de troupeaux de cochons, de chevaux et de vaches, vous le deviendrez aussi. En plus, plein de possibilités de randos : comme le sentier de l'eau qui commence en pente douce, avant de croiser un ruisseau et des pozzines. En hiver, plan B : chaussez les raquettes et empruntez le même chemin. Le paysage couvert d'un blanc manteau, c'est tout simplement magnifique.

Infos pratiques

Sentier de l'eau, départ du centre d'accueil de Bucchinera, au bout de la piste qui part du village de Quenza

Durée : 2h15

Distance : 4 km A/R

Difficulté : facile

2 Les aiguilles de Bavella

Vers l'infini et au-delà

Ces sept pointes de granit et leurs environs ont de très chouettes locataires : les mouflons de Corse. Si vous avez la chance d'en apercevoir un, savourez votre chance : il ne reste aujourd'hui qu'un millier d'individus. Si vous venez avec vos enfants, ou si vous ne vous sentez pas de faire une rando de 8h, on vous conseille une boucle, le **Trou de la Bombe** (U Tafonu di U Cumpuleddu), du pur bonheur. Vous traversez une forêt de pins laricio, jusqu'à rejoindre le clou du spectacle : le trou en lui-même, 8 m creusés dans la roche par le vent et la pluie. Pour votre sécurité, gardez vos distances : les derniers mètres sont très escarpés, vous risqueriez de vous blesser en voulant aller jusqu'au bout.

Infos pratiques
Trou de la Bombe, départ du parking du col de Bavella, à 1218 m d'altitude
Durée : 2h30 ; **Distance :** 6, 3 km A/R
Difficulté : moyenne

3 De Paliri à Conca

Un échantillon du GR®20

Pas le temps, ni l'énergie (ni l'entraînement) pour parcourir les 180 km et 11 000 m de dénivelé du GR®20 ? Pas de souci, rien ne vous empêche de faire une seule étape, ou même une moitié d'étape. Mais si, allez, courage, l'important, c'est de participer...

De Paliri à Conca, il faudra plusieurs heures de marche, mais rassurez-vous, l'étape n'est pas trop difficile avec son profil descendant. Sur le chemin, la garrigue, une végétation aux 50 nuances de vert, les ruines de Capeddu, la crête de Bocca d'Usciolu, et enfin, au bout, la baie de Porto-Vecchio !

Infos pratiques
Départ du refuge de Paliri
Durée : 5h
Distance : 12,6 km A/R
Difficulté : moyenne

NOTRE TOP 4 DES CANYONS

Pour un bon coup de frais !

Mettez votre maillot de bain, enfilez votre combinaison et (surtout) partez avec un guide : à vous les canyons corses en mode canyoning, pour tous les âges et pour tous les niveaux. Fraîcheur garantie !

▸ + d'infos : **Corsica Canyon**, des guides pros et sympathiques. Bavella ; 06 22 91 61 44. canyoncorse.com

▶ BARACCI, LE PLUS FACILE

Accessible à partir de 7 ans, c'est le spot idéal pour initier les enfants aux plaisirs du canyoning. Il reste très ludique, avec des sauts, des toboggans, de la nage et de la marche aquatique. Et tous les obstacles peuvent être contournés, avec une tyrolienne ou une descente en rappel.

▶ Sur la D557, 16 km au nord-est de Propriano.

▶ LA VACCA, LE PLUS ÉPOUSTOUFLANT

De l'avis de tous, le plus beau canyon du Sud, c'est lui ! Il est en tout cas très aquatique, car de nombreux sauts pimentent l'expérience. Si vous vous lancez, vous cheminerez parfois sur un chemin étroit, avec en guise de haie d'honneur de vertigineuses aiguilles de granit. Grandiose !

▶ Col de Bocca di Larone, 12 km au nord du village de Bavella.

▶ PULISCHELLU, LE PLUS MODULABLE

Dans un cadre féerique, au milieu des aiguilles de Bavella, les débutants comme les confirmés trouveront leur compte sur ce parcours très « à la carte ». Des souvenirs indélébiles en famille.

▶ 8 km au nord du village de Bavella.

▶ PURCARACCIA, LE PLUS PHOTOGÉNIQUE

Des vasques aux eaux vert émeraude, plein de toboggans naturels, des sauts, des cascades à descendre en rappel : ce canyon technique et vertigineux réunit tous les ingrédients essentiels pour une session canyoning inoubliable.

▶ 11 km au nord du village de Bavella.

PURCARACCIA

NOS *Super* ADRESSES

POINTS DE CHUTE

PROPRIANO

Sur le littoral, ce n'est peut-être pas la plus belle ville corse, mais une des mieux placées, ça c'est sûr ! D'un côté, des plages de sable blond à n'en plus finir. De l'autre, des hameaux perchés pleins de caractère. Que demander de plus ?

ZONZA

À 760 m d'altitude, c'est l'un des plus hauts villages de l'Alta Rocca, mais aussi l'un des mieux fournis en gîtes et chambres d'hôte. Ajoutez à ça qu'on y mange bien, qu'on s'y défoule bien et qu'en plus les aiguilles de Bavella sont à deux battements d'ailes de gypaète barbu. Convaincu ?

OÙ DORMIR ?

La Ferme de Roccapina

Le bonheur est dans le pré

Trois chambres d'hôte sobres et rustiques dans une ferme authentique, pour (re)découvrir le pouvoir de l'instant présent ! Ici, pas de connexion Internet, pas de réseaux sociaux, pas d'écran à scroller, mais un environnement merveilleux, face à la vallée verdoyante de l'Ortolo, constellée de troupeaux de vaches et de brebis : la déconnexion, la vraie ! Et pendant que vous y êtes, n'oubliez pas de vous régaler de leurs fromages !

▸ **À Sartène,** route de Bonifacio ; fermederoccapina.fr

Zella

La Corse authentique

Une vieille bâtisse en pierres transformée en chambres d'hôte, avec panorama à 360° sur les montagnes. Au dîner, une cuisine du terroir sublimée par les senteurs du maquis corse : romarin, herba-barona (le thym corse), nepita (marjolaine)...

▸ **À Guitera-les-Bains** ; zella.fr

Fianca l'Osso

Un balcon sur la mer

Avec pour bande son le chant des cigales, cultivez l'art de ne rien faire devant la piscine de ces chambres d'hôte et profitez de la vue, surtout au coucher du soleil, entouré de figuiers et d'oliviers.

▸ **À Belvédère-Campomoro,** lieu-dit Aghja di l'Aliva ; fiancalosso.com

Casa Santa Giulia

Avec le sourire

Myriam et Christophe reçoivent leurs hôtes comme des amis. Accueil adorable, chambres cosy, repas délicieux à base de produits locaux, piscine avec vue mer... Que demander de plus ?

▸ **À Propriano,** 3, rue Santa Giulia ; casasantagiuliapropriano.fr

La carte digitale pour retrouver toutes nos adresses, activités et visites.

Aux cabanes perchées

Sous les étoiles

Une cabane perchée écolo dans un véritable coin de paradis, loin des tumultes du monde. Une pépite dénichée sur Airbnb (« cabane perchée chez Barbara »).

▸ **À Cognocoli-Monticchi,** hameau de Marato ; 06 26 39 19 95.

U Fragnu di Peruccio

Nuit à la ferme

Chambres d'hôte authentiques construites dans un ancien pressoir à huile d'olive. Possibilité de louer la maison entière, à la semaine.

▸ **À Levie** ; ufragnu-corsica.com

3 BONNES RAISONS DE DORMIR DANS UN PHARE

Le refuge du phare de Senetosa accueille les randonneurs et les kayakistes pour une nuit (de rêve) ou deux.

1- Déconnecter, ralentir le rythme, profiter de la magie du lieu et explorer le sentier littoral entre mer et maquis.

2- Vivre une expérience unique, authentique, indélébile, en dortoir, chambre ou bivouac.

3- Participer à la préservation du site et son exceptionnel environnement intégré au réseau Natura 2000.

▸ **+ d'infos :** sur la côte à l'ouest de Tizzano ; campumoru-senetosa.corsica

OÙ MANGER ?

Bergerie d'Acciola

Plats copieux et savoureux, avec 100 % de produits locaux, une vue magnifique depuis la terrasse, et un accueil très souriant. À goûter obligatoirement (OK, on exagère, mais c'est vraiment trop bon) : le moelleux à la châtaigne.

▸ **À Sartène,** lieu-dit Acciola, route de Bonifacio ; 04 95 77 14 00.

La Ferme de Minora

Un lieu sans chichi, avec mobilier tout en bois brut et tracteur qui trône au milieu, où l'on se régale de plats simples – haricots au figatelli, daube de veau – préparés avec la viande et les légumes de la ferme.

▸ **À Sartène,** lieu-dit Minora, sur la N196 ; minora.fr

Auberge Kalliste

La ferme avec son potager de 5 000 m², ses poules et ses cochons fournit une grande partie des produits de la table. Le reste vient de pas loin. Et en plus, c'est divin. Réservation obligatoire.

▸ **À Serra-di-Ferro,** lieu-dit Porto-Pollo ; auberge-kalliste.corsica

Terra Cotta

Sur le port de Propriano, la pêche du jour (turbot, langoustine…) sublimée.

▸ **À Propriano,** 31, av. Napoléon-III ; ouv de mi-mai à fin sept, fermé dim ; 04 95 74 23 80.

U Sirenu

Spécialités corses, fabriquées avec les produits du jardin, et grillades au feu de bois.

▸ **À Sartène,** quartier Orasi, route de Bonifacio ; usirenu.fr

POUR UNE PAUSE GOURMANDE

Le Salon

Des glaces et sorbets artisanaux absolument délicieux, pour se rafraîchir après une petite rando !

▸ **À Levie,** quartier Sorba ; fermé lun-mar ; 07 85 33 61 57.

ON RAMÈNE QUOI ?

Une bouteille de vin

Domaine U Stilicciònu

Un vignoble de poche, 4,5 ha, qui fabrique d'excellents rouges.

▸ **À Serra-di-Ferro,** hameau de Stilliccione ; 04 95 22 41 19.

De l'huile d'olive

Moulin de Sardelle

Excellente huile d'olive douce et parfumée, produite dans une oliveraie multiséculaire.

▸ **À Sollacaro,** Filitosa ; sur rdv hors saison ; 06 86 94 68 93.

Des huiles essentielles

Vitalba

Une référence dans toute la Corse, sur un très beau site. Des huiles 100 % pures et naturelles, issues de plantes bio ou sauvages.

▸ **À Sartène,** lieu-dit Saparella, route de Bonifacio ; vitalba.fr

Un couteau

Coutellerie du Lotus

Un couteau mais pas n'importe lequel ! Celui d'un artisan passionné et passionnant, qui prend le temps d'expliquer son métier. Des couteaux uniques, solides et élégants.

▸ **À Levie,** lieu-dit Biancona ; coutelleriedulotus.com

FAQ ?

ET SI MES ENFANTS S'ENNUIENT ?

Bon, avec toutes les plages, peu de risques. Mais, au cas où, proposez-leur de faire une chasse au trésor, ils vont adorer ! Dans les ruelles de Propriano, ils vont chercher des indices, résoudre des énigmes, et peut-être trouver un trésor…

▸ Carnet de route à retirer à l'office de tourisme de Propriano ; 21, av. Napoléon-III ; 04 95 76 01 49 ; lacorsedesorigines.com

Ma voiture est bloquée par un troupeau, je fais quoi ?

Ça dépend de quel type de troupeau il s'agit, car on trouve toute sorte d'animaux sur les routes de l'Alta Rocca. Si ce sont des vaches ou des brebis et que vous ne voyez pas de berger à côté, un petit coup de klaxon suffit bien souvent. Et ça devrait même marcher avec des cochons, sauf qu'il faudra peut-être insister. C'est têtu, un cochon.

C'est sympa aussi hors saison ?

De novembre à mars, la quasi-intégralité des restaurants et hôtels de Bonifacio sont fermés, mais ce n'est pas le cas dans le Sartenais et l'Alta Rocca. Vous trouverez sans problème de quoi (bien) manger et dormir dans de beaux draps. Et pour le calme, c'est royal. C'est seul (ou presque) que vous profiterez des paysages étourdissants. Attention toutefois à la neige qui s'invite très souvent l'hiver : vérifiez l'ouverture des cols !

LE MARCHÉ, C'EST QUEL JOUR ?

Le samedi matin, toute l'année, sur la place Porta, à Sartène. En été, les petits producteurs sont aussi présents les mardis et jeudis, de 8h à 13h. De quoi préparer un savoureux pique-nique – ou remplir sa valise – de charcuteries corses, pots de miel, fromages, confitures, et autres canistrellis…

Les piscines de Purcaraccia sans faire du canyoning, c'est possible ?

Bien sûr, mais ça demande quand même de l'endurance et de bonnes chaussures ! Garez-vous au niveau du col de Bocca di Larone sur la D268 et enfoncez-vous à travers la montagne en suivant les points rouges sur les rochers. Vous atteindrez les premiers bassins au bout de 1h. Attention, accès interdit sans un guide assermenté du 1er juillet au 15 septembre !

ILS SONT OÙ LES MEILLEURS VINS, AU NORD OU AU SUD ?

Vous croyez vraiment qu'on va répondre ? On tient trop à la vie. Disons qu'au sud, du côté de Sartène et de Figari, le cépage vermentino réserve de très belles surprises, avec des vins blancs aux notes d'aubépine, de pomme et d'amande.

À cheval, c'est sympa ?

Mieux que ça, c'est une super expérience dans le coin ! On vous conseille le plateau de Coscione et ses pozzines ou la côte près de Tizzano, surtout au soleil couchant. Et si vous adorez les chevaux, figurez-vous qu'on trouve près de Zonza le plus haut champ de course hippique d'Europe (950 m d'altitude), dans un cadre spectaculaire !

▸ **Ranch Santu Pultru :** sur la D48 entre Sartène et Tizzano ; randochevalcorse.fr

C'est facile de voyager sans voiture dans le Sartenais et l'Alta Rocca ?

Honnêtement, pas tellement. Si vous êtes sportif, vous aurez des itinéraires à pied et à vélo superbes. Mais si vous préférez vous reposer sur les transports en commun, vous devrez faire des impasses.

Ça farte ?

Ne le répétez pas trop, mais la Corse-du-Sud compte quelques spots de surf très sympas, notamment vers le golfe de Propriano. Si c'est une grande première pour vous, des cours vous aideront à vous jeter à l'eau, dans la bonne humeur et en toute sécurité.

▸ **Centre nautique Waterplay :** plage de Cupabia à Serra-di-Ferro ; 06 47 13 51 76 ; waterplay.fr

J'ai klaxonné, mais maintenant y a un cochon qui me regarde méchamment

Ne sortez pas de la voiture !! Y a plus qu'à attendre, et si dans deux jours on n'a toujours pas de nouvelles de vous, on vous envoie le GIGN.

BONIFACIO
ET LE SUD
À LA POINTE DE L'ÎLE

La Corse ne serait pas ce qu'elle est sans Bonifacio et le Sud. Criez au vent depuis la citadelle génoise perchée au-dessus des eaux translucides et empruntez le fameux escalier du roi d'Aragon pour vous baigner au pied de la cité. Laissez votre cœur balancer entre plages de rêve et plages secrètes : vous trouverez les deux dans la région. Au programme : baignades, randonnée parfumée dans le sentier des Bruzzi et excursion aux îles Lavezzi. N'oubliez pas votre crème solaire ni votre gourde d'eau !

CE QUI VOUS ATTEND...

La région en un coup d'œil 188
Best of 190
24h à Bonifacio 194
Vous êtes plutôt plages ou plages ? 196
Porto-Vecchio, la vie de château 198
Journée de rêve aux îles Lavezzi 200
Nos super adresses 202
FAQ 204

◁ La citadelle de Bonifacio

BONIFACIO ET LE SUD EN UN COUP D'ŒIL

BEST OF

1. Affrontez votre vertige à Bonifacio (et aimez ça)
2. Mettez deux pieds sur une carte postale aux îles Lavezzi
3. Vibrez comme un vrai Corse à Porto-Vecchio
4. *Andemu a la* (plus belles des) *spiaggia* sur le sable du Petit Sperone
5. Suspendez le temps dans les piscines naturelles de Cavu

Zonza
Piscines naturelles de Cavu
5
Levie
Sainte-Lucie de Porto-Vecchio
Lecci
Fiumu d'Oso
L'Ospédale
Vasques de Latariccіu
3
Porto-Vecchio
Musuliu
Raghino
Sotta
Piscia
Plage de Palombaggia
Plage de Santa Giulia
Plage de Porto Novo
Figari
Plage de Rondinara
Faites le tour des plages, p.196
Plage de Canetto
Explorez les fonds marins, p.200
Ricetti
La Trinité
Plage de Sant'Amanza
1
Bonifacio
Plage de Piantarella
4
2
Îles Lavezzi
Plage du Petit Sperone
Phare de Pertusatu

1 BONIFACIO

Affrontez votre vertige (et aimez ça)

Elle est souvent en pole position sur la *to-do list* des voyageurs. Et vous allez vite comprendre pourquoi ! Perchée sur des vertigineuses falaises blanches, sa superbe citadelle aux ruelles étroites contemple son reflet dans les flots bleus. En juillet-août, la ville est victime de son succès. Alors, si possible, venez plus tôt (mai-juin) ou plus tard (septembre-octobre) pour profiter tranquillement du lieu, loin de la foule. Voir notre programme de visite en 24h p. 194.

2 ÎLES LAVEZZI

Les deux pieds sur une carte postale

Leurs criques de sable fin et leurs rochers gris clair n'ont rien à envier aux plus belles plages du bout du monde. On peut avoir l'impression de débarquer au beau milieu d'une carte postale en arrivant sur les îles Lavezzi. Mais ne vous arrêtez pas en surface : pour parfaire l'expérience, chaussez vos palmes, masque et tuba et allez débusquer les locataires multicolores de ces fonds marins !

▸ **+ d'infos :** embarquement immédiat pour les îles Lavezzi p. 200.

3 PORTO-VECCHIO

Vibrez comme un vrai Corse

Inscrits dans l'ADN de la culture corse, les chants polyphoniques ont un don : vous donner des frissons. À Porto-Vecchio, la Taverne du Roi s'en est fait une spécialité. Foncez, chantez, c'est envoûtant, vous verrez ! À Bonifacio, l'église Saint Dominique, accueille des concerts en saison (bonifacio.fr).

▸ **+ d'infos :** la Taverne du Roi : 43, rue U Borgo ; du mer au dim soirs à partir de 22h30 ; 06 10 73 16 53.

4 PLAGE DU PETIT SPERONE

Andemu à la (plus belles des) spiaggia

C'est l'une des plus belles plages de Corse. Et vu la concurrence, c'est tout dire. Le Petit Sperone a tout d'une grande : le sable fin, si doux quand il vous chatouille la plante des pieds, l'eau turquoise (éblouissante !) et chaude, le maquis qui l'entoure. Après une marche de 15 min depuis la plage de Piantarella et la traversée de quelques rochers, l'arrivée devant cette beauté renversante fait l'effet d'un uppercut. Vous trouvez qu'il y a trop de monde ? Marchez 15 min de plus, vous arriverez chez sa grande sœur, la plage du Grand Sperone, moins fréquentée.

▸ **+ d'infos :** à 20 min en voiture de Bonifacio, accès à pieds depuis le parking de la plage de Piantarella.

5 PISCINES NATURELLES DE CAVU

Temps suspendu dans les montagnes

Des vasques d'une blancheur immaculée, une pinède d'un vert profond, une eau limpide et fraîche d'un turquoise digne des plus beaux lagons… Ah, si seulement on pouvait rester là pour toujours ! Ou plutôt au moins toute la matinée, car le secret de ces vasques irréelles est malheureusement un peu éventé, et elles ont tendance à attirer du monde au fur et à mesure que la journée avance. L'idéal alors pour continuer à rêver ? Y poser sa serviette avant 10h. Vous pourrez prendre un bain seul ou presque, ou juste passer en mode contemplation pour profiter de cette nature hautement photogénique.

▸ **+ d'infos :** par la D168A depuis Sainte-Lucie-de-Porto-Vecchio.

SUR LA PLAGE ABANDONNÉE…

Il y a tant de plages et tant de criques dans cette région ! Et tant de monde, aussi… Pour que le rêve ne vire pas au cauchemar, explorez cette merveilleuse côte rocheuse en voilier ! En progressant à votre rythme dans cette nature brute, sauvage et ensorcelante, bercé par le murmure des vagues et le chant des mouettes, l'impression de liberté est totale. Vous allez même sûrement trouver la petite plage secrète et isolée pour poser votre serviette sans personne ! À vous ensuite de choisir votre prestation en fonction de votre budget : petit voilier ou catamaran, avec ou sans skipper, pour quelques heures ou plusieurs jours…

▸ **+ d'infos :** samboat.fr ; globesailor.fr

24 HEURES À BONIFACIO

Haut perchée au bord de vertigineuses falaises de calcaire, à l'extrême sud de la Corse, Bonifacio aimante les voyageurs. Sans doute beaucoup trop en été, mais c'est le lot de toutes les beautés fatales...

08H00

Réveil en douceur

Des chambres et suites nichées dans un jardin parfumé d'essences corses. Une piscine. Un potager en permaculture, dans lequel le chef vient chercher des idées pour ses menus... L'**hôtel A Cheda** est aussi beau qu'écolo. On vous l'assure : jamais communion avec la nature n'aura été aussi confortable !

▸ **+ d'infos : à Cavallo Morto,** 4 km au nord de Bonifacio ; acheda-hotel.com

9H00

Perdez-vous

Construites à partir du 12e siècle, la **Citadelle** et son dédale de ruelles enchevêtrées dans un joyeux désordre sont envoûtants !

10H00

Prenez l'escalier...

Mais pas n'importe lequel ! Celui du roi d'Aragon, avec ses 187 marches creusées à même la falaise, qui vous mènera avec grâce (et un peu de sueur) jusqu'à la mer.

11H00

Cimetière avec vue

Vous pourriez vous croire, l'espace d'un instant, dans un petit village des Cyclades... Et pourtant ce n'est pas un mirage : devant l'église Saint-François, tout au bout du promontoire, les chapelles blanches du **cimetière marin,** alignées dans un labyrinthe d'allées au-dessus de la mer, sont tout simplement magnifiques ! Mais attention, on n'est pas à la plage : tenue correcte exigée.

Et hop ! Notre carte digitale

12H00

déjeunez au-dessus du vide

Difficile de faire plus belle vue pour déjeuner : dégustez votre pizza ou vos fruits de mer à 70 m au-dessus de la mer, sur une mini-terrasse en équilibre sur la falaise !

▸ + **d'infos** : U Castillé : 7, rue Simon-Varsi ; lun.-sam. midi et soir, salle panoramique ouverte de juin à sept. ; hotel-bonifacio.fr

13H30

Pause givrée

Mandarine, melon, fraise, pistache... Sur le port, les sorbets et glaces signés **Rocca Serra** sont absolument délicieux.

▸ + **d'infos** : 17, quai Jérôme-Comparetti ; t.l.j. 8h-20h, plus tard en saison ; glacierroccaserra.fr

14H00

Randonnée vertigineuse

Pour digérer, rien de mieux qu'une petite marche. Le (sublime) **sentier des falaises** vous mènera de la citadelle jusqu'au phare de Pertusatu (3h AR). Sur le chemin, vues à couper le souffle garanties ! Soyez prudent et ne vous laissez pas hypnotiser par le spectacle : il n'y a pas de protection sur le bord. On prévient pour ceux qui ont le vertige ou des enfants.

▸ + **d'infos** :

16H00

Faites l'éloge de la paresse

Après l'effort, le réconfort ! Adossée aux falaises blanches, en-dessous du phare de Pertusatu, la **plage de Saint-Antoine** est une sublimissime petite bande de sable fin bordée de grottes. Soyez vigilant, la descente est difficile.

20H00

Dîner iodé

Bouillabaisse classique ou coco coriandre, aile de raie de Bonifacio, soupe de poissons de roche...

Au restaurant **Les 4 Vents,** vos papilles se régalent autant que les pupilles.

▸ + **d'infos** : 29, quai Banda-del-Ferro ; mar.-dim. midi et soir ; restaurant-les-quatre-vents-bonifacio.fr

23H57

Very good night

Pour la suite, c'est vous qui voyez : ce qui se passe à Bonifacio reste à Bonifacio :-)

Tenez bien la rampe sous l'escalier du roi d'Aragon !

BATTLE
VOUS ÊTES PLUTÔT PLAGES...

Vous rêvez de vacances, et en particulier de paresser sur une bande de sable, avec une pelle, un seau et le dernier numéro de *Sudoku Magazine* ? Ça tombe bien : le Sud ne manque pas de spots où soigner son hâle. En voici quelques-unes, certaines connues, d'autres moins, mais toutes paradisiaques !

❶ Plage de Rondinara

Locaux, touristes, jeunes ou moins jeunes, et même les vaches, qui viennent parfois s'y prélasser (si, si !), tout le monde dit « I love Rondinara ». Sa forme de coquillage, si belle vue d'en haut, son sable fin, ses blocs de granit, son eau claire et peu profonde – on a pied très loin – en font une pataugeoire idéale pour les plus jeunes.

▸ **+ d'infos** : à 18 km au nord de Bonifacio en direction de Porto-Vecchio, parking difficile d'accès en août.

Plage de Rondinara

❷ Plage de Santa Giulia

Plus besoin de présenter cette autre star de la Corse-du-Sud, car le secret de sa beauté a été largement partagé. Pour profiter de ses 50 nuances de bleu dans un calme relatif, venez avant 10h. Vous allez adorer sa pente très douce qui donne l'impression de marcher vers l'infini...

▸ **+ d'infos** : à 7 km au sud de Porto-Vecchio en direction de Bonifacio, parking payant, bus depuis Porto-Vecchio en juil.-août.

❸ Baie de Figari

THE spot idéal pour le kitesurf et la planche à voile ! Si vous êtes, disons, moins sportif, vous aurez le droit de vous poser sur le sable, et de contempler le spectacle. Dans tous les cas, vous n'aurez qu'une seule envie : celle de revenir !

▸ **+ d'infos** : à 7 km au sud de Figari, plusieurs petites plages, parkings.

... OU PLAGES ?

④ Plage de Piantarella

Si vous aimez le paddle, c'est le spot de rêve. Des rochers lisses et blancs, une eau cristalline et chaude sans la moindre vague... On surnomme le lieu « le lagon », et vous allez vite comprendre pourquoi !

▸ + **d'infos** : mêmes informations que pour la plage de Rondinara.

⑤ Plage de Canetto

La route cabossée qui y mène la préserve de la foule. Sans voiture type 4x4, garez-vous quand le chemin devient trop accidenté, et finissez à pied (10-15 min). Adossée à la falaise et au maquis, avec une eau turquoise, elle vous fera rêver...

▸ + **d'infos** : à 7 km de Bonifacio, accès difficile par temps de pluie.

NOUS, ON EST PLUTÔT PLAGES...

... mais version secrète !

⑥ Plage de Porto Novo

Une plage sortie d'un rêve, quasi déserte en toute saison, car elle n'est accessible qu'en bateau ou par un très long chemin à travers le maquis. Spoiler alert, vous ne regretterez pas l'effort !

⑦ Plage du Fazzio

Une adorable crique toujours assez calme. Pourquoi ? Parce qu'il faut plus de 20 min à pied sur un chemin caillouteux, depuis la plage de Paragan, pour y accéder.

PORTO-VECCHIO
VIVEZ LA VIE DE CHÂTEAU

Et ça rime !

Certains la pensent snob, mais on vous le jure : Porto-Vecchio est juste sophistiquée. Alors certes, il faudra mettre la main au porte-monnaie plus qu'ailleurs, mais vous ne repartirez pas d'ici sans avoir vécu des expériences indélébiles. En voici quatre, absolument fantastiques.

▶ PLONGEZ DANS LES EAUX TURQUOISE DE PALOMBAGGIA

C'est une beauté que les poètes n'auraient pas pu imaginer, même en rêve (et surtout hors saison…). Un sable blanc fin comme de la farine, des rochers de granit rose ou gris, des eaux turquoise, une pinède en guise de parasols… Comme dirait George, *what else?* En été, on vous conseille vivement de marcher 3 km vers le sud pour accéder à la plage de Tamaricciu, beaucoup moins fréquentée et tout aussi charmante.

▸ **+ d'infos :** à 12 km de Porto-Vecchio, parking payant en saison.

LARGUEZ LES AMARRES

Venir en Corse et rester 100 % du temps sur la terre ferme ? Tellement dommage ! Sur un catamaran, partez explorer en petit comité les superbes côtes de la Corse-du-Sud, poussez jusqu'aux îles Lavezzi ou en Sardaigne, arrêtez-vous pour plonger ou faire du paddle dans des lieux spectaculaires. Vous pourriez même avoir la chance d'être accompagné pendant une partie du voyage par un gang de dauphins. Un rêve éveillé !

▸ + **d'infos :** Catamaran Aria ; Quai Pascal Paoli, 06 83 74 48 41 ; croisierecorse.com

REMONTEZ LE TEMPS DANS LA VILLE-HAUTE

Il était une fois une forteresse longtemps malmenée par de nombreux ennemis, détruite trois fois, reconstruite à chaque fois. C'est l'histoire de la citadelle de Porto-Vecchio, dont les ruelles sont aujourd'hui remplies de boutiques, de restaurants et de glaciers, où il fait bon vivre.

RÊVEZ UN PEU PLUS PRÈS DES ÉTOILES

Vous allez avoir envie de dormir les yeux grands ouverts. Car ici les chambres sont des cocons en forme de bulles transparentes, carrément accrochées à flanc de falaise et surplombant tout le golfe de Porto-Vecchio. Il faut même y aller par des passerelles suspendues ! Époustouflant et surtout complètement écolo (pas d'eau, ni d'électricité, éclairage et douche solaires...). La garantie de faire de très très très beaux rêves...

▸ + **d'infos :** Cocoon village Corsica ; à l'Ospédale ; glampingcorsica.com

Journée de rêve AUX ÎLES LAVEZZI

Des plages et des criques de sable blanc, une eau cristalline, des rochers de granit couleur d'orage et polis par le travail inlassable des vagues : débarquer aux Lavezzi, c'est un peu comme s'échapper de la réalité.

COMMENT Y ALLER ?

Toutes les îles sont accessibles depuis Bonifacio. D'avril à octobre, ce sont les bateaux de la SPMB qui assurent la liaison depuis le port de Bonifacio. En été, 1 départ/h (selon la météo bien sûr) de 9h30 à 15h30, et dernier retour à 18h30. En revenant vers Bonifacio, on admire toute la côte Sud : Piantarella, le cap de Perusato, les falaises... Splendide ! Notez qu'on ne peut pas réserver les billets, ils s'achètent le jour même au guichet d'embarquement.

▸ **+ d'infos** : 04 95 10 97 50 ; spmbonifacio.com

Explorez les fonds marins

Que vous soyez débutant ou confirmé, vous allez adorer les eaux cristallines et très poissonneuses de l'archipel. Surtout qu'avec ses moniteurs aussi professionnels que souriants, le club Bonifacio Plongée vous organisera la plus mémorable des sorties. « Mérouville » remporte à l'unanimité la palme du spot le plus célèbre. À vous les mérous bruns, les murs de gorgones rouges et les bancs de barracudas ! **Autre site** : les grottes de Becu, un énorme amas rocheux traversé de grottes et de tunnels. Si vous préférez le snorkeling, aucun problème, vous aurez là aussi l'embarras du choix.
Un seul conseil : à la descente du bateau, n'hésitez pas à marcher 15-20 min pour trouver des criques sans personne.

▸ **+ d'infos :** bonifacioplongee.corsica

Laissez glisser

Pour rejoindre les Lavezzi, plusieurs options appétissantes. Offrez-vous une escapade intimiste d'une journée en voilier avec Nicolas et Bénédicte, en petit comité (maxi 22 passagers). Inclus : repas, prêt de palmes et tuba, et de paddles. Le must ? Parfois, une bande de dauphins facétieux vient enchanter l'escapade !

Autre possibilité : louez un kayak pour aller dans des endroits autrement inaccessibles. Seul le bruit des pagaies viendra troubler votre tranquillité...

▸ **+ d'infos :** pour une sortie en pleine mer : lerevedularge.com ; pour un tour de kayak : bonifacio-kayak.com

NOS *Super* ADRESSES

POINTS DE CHUTE

FIGARI

Moins bling-bling que Porto-Vecchio, moins (sur)fréquentée que Bonifacio, Figari a bien des atouts, à commencer par un vignoble fantastique dont vous nous direz des nouvelles. Cette petite ville fait aussi l'éloge du farniente avec de jolies criques et plages encore assez tranquilles, même en été.

SOTTA

Familiale mais pas trop, animée mais pas trop, proche de Porto-Vecchio mais pas trop : on aime bien cette cité qui a gardé son âme (et quelques très jolies adresses). Surtout que les tarifs y sont moins fous qu'ailleurs !

OÙ DORMIR ?

U Capu Biancu

Élégance & écologie

Une maison de vacances élégante en bord de mer, et très responsable : adieu pailles non réutilisables, recyclage naturel grâce aux 100 poules pondeuses, etc.

▸ **Lieu-dit Ricetti,** domaine de Pozzoniello (près de la plage de Canetto) ; ucapubiancu.com

Les Chambres de Mila

Douceur & charme

Sept chambres lumineuses, décorées avec goût et originalité, cernées d'un très joli jardin et d'une piscine.

▸ **Près de la plage de Rondinara ;** leschambresdemila.com

Les petites maisons

On a dit silence...

Quatre chambres chics et authentiques. Les plus ? La piscine, la vue sur la montagne, le calme infini, le petit déj' sur la terrasse... (liste non exhaustive).

▸ **À Sotta,** lieu-dit Raghino ; lespetitesmaisons-corse.com

A Santa Trinita

Hypnotisé par la vue

Entre mer et maquis, chambres avec vue exceptionnelle sur Bonifacio, et des animaux de la ferme pour voisins.

▸ **Lieu-dit La Trinité ;** residence-bonifacio.fr

Hôtel San Giovanni

Une histoire de famille

Le père a imaginé ce havre de paix de 3 ha doté d'une piscine merveilleuse, les quatre filles ont repris les rênes pour chouchouter les clients et orienter l'établissement vers le tourisme durable. Un vrai jardin d'Eden !

▸ **À Porto-Vecchio,** route d'Arca ; hotel-san-giovanni.com

TAMARICCIU

La carte digitale pour retrouver toutes nos adresses, activités et visites.

VOUS ÊTES... PLUTÔT CAMPING ?

Ferme d'Alzetta

Camping à la ferme (bio). Réveil avec le chant des oiseaux, journée au rythme de la ferme.

▸ **À Porto-Vecchio,** quartier Vaccile del Monte ; fermedalzetta.com

Mozziconaccio

Un accueil extrêmement souriant, pour se sentir comme à la maison. Calme, vue mer, piscine.

▸ **À Sainte-Lucie-de-Porto-Vecchio,** quartier Tarco ; campingmozziconaccio.fr

OÙ MANGER ?

Le Relais

Attention, végétariens s'abstenir ! Les carnivores, eux, passeront un excellent moment devant un cochon de lait grillé, une belle assiette de charcuterie ou du veau mijoté. Les accompagnements sont locavores et de saison.

▸ **À Sotta,** Padulella, rue Principale ; tlj sauf dim-lun ; 04 95 20 80 21.

Emporium

Côté mer ou côté terre, voilà un chef qui sait manier la poêle. Les papilles se régalent à parité avec les pupilles. Très belle carte de vins, service souriant. *What else ?*

▸ **À Lecci,** 32, bd Napoléon, Saint-Cyprien ; tlj sauf lun-mar ; 04 95 73 55 86.

A Casa Corsa

Des plats gourmands et copieux, qui font l'éloge des produits locaux, et beaucoup de bonne humeur. On adore !

▸ **À Porto-Vecchio,** port de plaisance ; casacorsa-portovecchio.com

Chez Padoue

Cuisine généreuse, simple mais goûteuse, à déguster sans chichi sous la tonnelle de la jolie terrasse. Un grand moment de convivialité.

▸ **À Sotta,** 48, rue Principale ; tlj sauf lun ; 06 49 79 57 18.

U Cantonu

Au pied d'une colline loin de l'agitation, à 5 km du centre de Porto-Vecchio, ce restaurant installé dans une ancienne bergerie met à l'honneur les produits locaux. À goûter absolument : le cochon de lait en croûte d'herbes du maquis, et le fiadone. À se damner... !

▸ **À Porto-Vecchio,** lieu-dit Musuliu, route de Palombaggia ; u-cantonu.fr

Del Ferro

Terrasse sur le port, avec retour de pêche (gambas, loup grillé...), ou un très bon burger-frites.

▸ **À Bonifacio,** 3, quai Banda-del-Ferro ; 04 20 57 10 53.

ON RAMÈNE QUOI ?

Des produits gourmands, bien sûr ! Même les plus blasés trouveront leur bonheur dans l'épicerie U Tavonu, véritable caverne d'Ali Baba avec ses fromages, ses charcuteries, ses marrons glacés...

▸ **À Porto-Vecchio,** 9, rue du Général-de-Gaulle ; 04 95 72 14 03.

À PART BRONZER ON FAIT QUOI ?

Osez la planche à voile !

Bonifacio Windsurf

Des spots idylliques, une équipe sympa, du bon matos… Tous les ingrédients sont réunis pour passer d'excellents moments sur une planche.

▸ Plage de Piantarella ; bonifacio-windsurf.com

Osez le kitesurf !

Corsica Kiteboarding

Une école itinérante autour de Bonifacio (Pont de Ventilegne, Plage de Piantarella) qui a bonne réputation, ce qui peut rassurer avant de commencer à jouer avec le vent !

▸ corsica-kiteboarding.com

Osez la plongée !

Dolfinu Biancu

Explorez les superbes îles Cerbicale et Lavezzi, très poissonneuses et avec une superbe luminosité, en compagnie de moniteurs pros et bienveillants à Porto-Vecchio.

▸ dolfinu-biancu.fr

Oh là là, y a du monde sur la plage…

« L'avenir appartient à ceux qui se lèvent tôt », proclame le célèbre dicton. L'avenir, on ne sait pas, mais selon que vous arrivez à émerger du lit bien avant 11h ou que vous privilégiez la grasse mat', c'est sûr que vos vacances en Corse-du-Sud n'auront pas du tout la même saveur. Double bonus : en étant matinal, vous éviterez les embouteillages et trouverez bien plus facilement une place de parking.

Une astuce pour éviter de se ruiner ?

Pour ne rien vous cacher, il faudra un peu plus qu'un coup de baguette magique pour sauver votre porte-monnaie en été. Mais déjà, dès septembre, les prix chutent de manière vertigineuse. C'est, avec octobre, nos mois préférés pour profiter des merveilles de cette côte, loin de la foule et du bling-bling. Et en plus la mer reste bien chaude jusqu'à la Toussaint !

Il est où le fameux pin parasol de Palombaggia ?

Ah, vous aussi vous cherchez à prendre la fameuse photo qui a bercé tout votre imaginaire ? Bon, alors, asseyez-vous, on a une mauvaise nouvelle : ce fameux pin n'est plus, il était très vieux et malade et a dû être abattu en 2019. Mais il était tellement iconique qu'on a gardé son tronc et certains militent pour en replanter un d'ici quelques années.

J'ai envie de m'offrir une folie, une idée ?

Si vous êtes prêt à mettre la main au portefeuille, on a une pépite : des cabanes perchées en pleine nature, presque entièrement vitrées, avec à côté de très belles « casettes », où la pierre dialogue avec le bois. Au domaine de Casanghjulina, chaque désir n'est énoncé que pour être exaucé. Attention : si vous y posez vos valises, vous risquez de ne plus vouloir repartir…

▸ **À Porto-Vecchio ;** lieu-dit Fiumu d'Oso, 357, Strada di Puretta ; casanghjulina.com

J'ai déjà fait toutes les plages que vous proposez, vous en avez d'autres ?

C'est pas ça qui manque dans le coin ! Essayez la plage de Sant'Amanza : gros sable, mais belle et peu fréquentée. Avec des enfants, on aime bien aussi la plage de Furnellu, une petite bande de sable fin à pente toute douce qui reste encore épargné du trop-plein de transats. Et c'est tant mieux !

C'EST QUOI « ISCARPI » ?

On a affaire à des marcheurs ultra connectés on dirait ! iScarpi – qui veut dire « chaussures » en corse – c'est l'appli incontournable pour les randos dans le sud de la Corse : 30 idées avec toutes les infos pratiques, des photos et les tracés GPX. Ils sont forts, ces Corses !

▸ Appli iScarpi à télécharger sur App Store et Google Play.

J'aime pas trop la sensation du sel sur la peau

Vous n'avez peut-être pas choisi la région qu'il vous fallait... Cela dit, on peut vous proposer un détour sur les rives de la Bala, une rivière qui descend du massif de L'Ospédale. Sur le site appelé Latariccìu, vous pourrez déployer votre serviette près de trois vasques camouflées au cœur d'une végétation généreuse. Y a même de jolies chutes d'eau où les plus téméraires pourront sauter de 5 m de haut. Satisfait ?

Vous n'auriez pas une petite rando sympa dans le coin ?

Mais bien sûr qu'on a ! En plus très facile, parfumée par les odeurs du maquis et avec plein de pauses baignade, elle est pas belle la vie ? Chaussez vos baskets et empruntez le sentier des Bruzzi, qui mène à de jolies criques dont la plage de Corail, avec son sable aux jolis reflets roses. Ouvrez l'œil : vous pourriez croiser des cormorans huppés, qui nichent ici.

▸ **À Figari ;** boucle d'environ 2h ; corse-palombaggia.com/a-voir-a-faire/le-sentier-des-bruzzi

C'est quoi la recette du bonheur ?

En version corse, c'est sans doute de regarder la mer en sirotant un verre de vin accompagné de charcuterie et de fromage. Surtout quand la charcuterie vient d'U Porcu Ranger, ferme porcine à Figari. Et qui plus est, quand la dégustation a été précédée d'une longue visite de l'exploitation avec Maxence, agriculteur passionné et très drôle (ça compte).

▸ **Au nord de Figari ;** lieu-dit Piscia ; uporcuranger.com

et super chouette

CARNET SUPER PRATIQUE

208 TRAJET, LOGEMENT ET VIE QUOTIDIENNE

212 QUAND PARTIR ?

214 VOYAGEZ PLUS RESPONSABLE EN CORSE

218 ÇA PART EN COOK

220 QUI SOMMES-NOUS ?

230 INDEX

◁ Village de Venzolasca en Casinca

TRAJET LOGEMENT

VIE QUOTIDIENNE

1. VENIR EN CORSE (ET REPARTIR)

En ferry
Aller sur une île en bateau, en voilà une bonne idée ! De jour comme de nuit, au départ de Nice, Marseille et Toulon (et même Gênes et Livourne en Italie), vous pouvez faire la traversée en ferry, avec – et c'est bien pratique – la possibilité d'embarquer votre voiture. La durée du voyage varie entre 5h et 12h.

▶ + **d'infos :** corsicalinea.com ; lameridionale.fr ; corsica-ferries.fr ; mobylines.fr

En voilier
La plus belle façon de relier la Corse ! Depuis 2022, Sailcoop propose de relier la Corse en voilier, de Saint-Raphaël à Calvi, tous les jours de mai à septembre. Une traversée qui sent bon l'aventure (entre 15h et 24h de traversée, selon le vent), la bonne humeur (8 passagers embarqués + 2 membres d'équipage) et le confort (couchettes doubles, tenue de mer et repas bio inclus). Il faut compter 210 € la traversée, avec option vélo pour ceux qui veulent vivre l'expérience corse zéro carbone (ou presque) !

▶ + **d'infos :** sailcoop.fr

Pour les autres options (nage, canoë et avion), on vous laisse vous organiser par vous-mêmes !

2. SE DÉPLACER

En train
Le train en Corse, c'est toute une histoire… sur seulement 232 km de rails ; donc le choix n'est pas immense. La ligne centrale relie Bastia

à Ajaccio via Corte. Une autre va de Ponte Leccia à Calvi, en passant par l'Île-Rousse. Les trajets sont évidemment magnifiques, mais pas hyper rapides. Comptez 3h30 pour le Bastia-Ajaccio, et 3h40 pour un Calvi-Ajaccio.

▶ **+ d'infos :** cf-corse.corsica
Le site officiel des Chemins de fer de la Corse donne horaires, tarifs et autres infos pratiques. Les billets ne peuvent être achetés que sur place, dans les gares (sauf pour les groupes de plus de 10 personnes).

En bus
Le réseau de bus et cars couvre largement mieux le territoire que le train, mais ce n'est pas hyper simple de s'y retrouver avec toutes les compagnies qui opèrent, et souvent des réservations qui se font sur place, le jour même. Et puis si le littoral est bien desservi, c'est un peu plus compliqué à l'intérieur des terres.

▶ **+ d'infos :** corsicabus.org
pour les horaires des bus et également des trains.

En voiture/moto
Qu'on le veuille ou non, ça reste la meilleure option pour aller partout, sans contrainte. Mais la prudence s'impose sur les routes corses. Un petit coup de klaxon avant certains virages permettra de prévenir un conducteur arrivant en sens inverse qu'il n'est pas seul sur la route. Respecter les limitations de vitesse est aussi impératif pour éviter les collisions avec les cochons, vaches & cie, nombreux sur les routes.

À vélo
À condition d'être un minimum sportif (pour ne pas trop galérer dès que ça grimpe, et ça grimpe souvent), vous prendrez un max de plaisir. L'idée top ? Faire en partie – ou plus si affinités – le GT®20 : 600 km à parcourir à la force des mollets, entre mer et montagne, pour se créer des souvenirs indélébiles.

▶ **+ d'infos :** gt20-velo.corsica
et voir p. 26.

N'AYEZ PLUS PEUR DES SOMMETS À VÉLO... ÉLECTRIQUE !

Louer un vélo :
appebike.com

Organiser une rando-vélo : avec l'agence **corsica-aventure.com** ou avec la Fédération française de cyclotourisme **ffvelo.fr/randonner-a-velo**

En van
Une bien belle façon de voyager en Corse, à condition de choisir un petit modèle pour éviter les difficultés sur les petites routes. Il y a plein de parkings, de zones de stationnement aménagées et de campings pour vous faire profiter de la vanlife en Corse (le bivouac et parking sauvage sont en revanche interdits partout, et l'été, les contrôles sont sérieux).

Les sites de locations classiques et entre particuliers sont tous là pour vous accueillir. Un conseil : installez l'application Park4night sur votre smartphone avant le départ, pour trouver plus facilement des lieux où installer votre van pour la nuit.

À pied
Pour des idées de rando, le site du parc naturel régional de Corse est une mine d'or. Vous allez forcément trouver (chaussures de) randonnée à votre pied ! Il permet aussi de réserver ses nuits en refuge sur le GR®20, le sentier « star » (à faire avant le départ).

▶ **+ d'infos :** pnr.corsica

Attention, les 200 km de ce sentier, entre Calenzana et Conca, sont d'un niveau bien... corsé, voire dangereux par endroits. Hautement déconseillé aux amateurs et aux enfants, pour des raisons évidentes de sécurité.

▶ **+ d'infos :** pour des randos accompagnées : couleur-corse.com ou corsica-aventure.com

C'EST QUOI, L'ŒIL DE SAINTE LUCIE ?

Toute une histoire, ou plutôt, une légende corse. Celle d'une jeune femme accusée par son fiancé d'être trop pieuse, et qui se serait arraché les yeux, pour les jeter à la mer. La Vierge Marie lui aurait rendu la vue pour la remercier de sa foi. Aujourd'hui, cette légende s'incarne dans un coquillage que l'on trouve sur les plages corses, transformé en jolis bijoux, en vente dans des boutiques de l'île.

En termes de difficultés, les sentiers Mare a Mare® (Nord, Centre et Sud), qui traversent la Corse d'est en ouest, sont de quelques crans en dessous du GR®20. Mais vous en prendrez aussi plein les yeux.

▶ **+ d'infos :** mare-a-mare.fr et voir p. 32

3. CÔTÉ BUDGET

On ne va pas se mentir : si votre budget vacances est très serré, la Corse ne sera pas le choix le plus judicieux.

Pour 2 personnes, comptez tout compris (transports AR, hébergement, repas...) au minimum 2 000 € pour une semaine, beaucoup plus si vous ne faites pas attention.

Ceci dit, il est toujours possible de ne pas se fâcher avec son banquier. Notamment en évitant juillet et août, en optant pour le camping (mais pas le camping sauvage, qui reste interdit), en remplaçant dès que possible le restaurant par un pique-nique...
Pour l'hébergement, plus on s'éloigne du littoral, plus les prix fondent.

4. LOGEMENT

En Corse, vous trouverez de tout pour vous loger : du camping à l'hôtel 5-étoiles, en passant par la ferme, la cabane dans les arbres, la chambre d'hôte, ou même une nuit dans un phare, tout est possible !

On vous indique dans le guide nos adresses préférées, pour chaque région, mais il y a évidemment 1 000 autres possibilités (environ). Pour vos recherches, préférez les moteurs de recherche qui recensent les hébergements responsables et/ou engagés.

▶ + d'infos : greengo.voyage et wegogreenr.com

▶ Des hébergements écolo en Corse orientale. Un joli prétexte pour venir explorer ce territoire souvent esquivé par les touristes. ecotourisme-corseorientale.corsica

AJACCIO OU AIACCIU ?

Les panneaux routiers vous permettront d'appréhender la langue corse. Quelques règles : les noms se terminent en général par un u, que l'on prononce « ou »... Plus compliqué, certaines consonnes changent de sonorité : le t devient d, le s se prononce z...Ainsi, Porticcio s'écrit Purtighdiu et se prononce tout simplement Pourtidiou...

5. ENCORE 2-3 TRUCS

VOYAGE HANDICAPÉ

▶ corsica-access.org : plein d'infos très très utiles, pour les personnes à mobilité réduite.

POUR LES AMOUREUX DE LA FAUNE ET DE LA FLORE

▶ oec.fr : une mine d'infos de l'Office de l'environnement de la Corse.

TROUVER DES IDÉES

▶ visit-corsica.com : le site de l'office de tourisme

VOUS SEREZ PARFOIS EN DÉCONNEXION FORCÉE

car de nombreux hébergements ont un wifi qui fonctionne de manière très aléatoire.

VOUS RISQUEZ DE GALÉRER POUR TROUVER DES DISTRIBUTEURS DE BILLETS À CERTAINS ENDROITS.

Par ailleurs, certains restaurateurs ne prennent pas la carte bleue. Un conseil : prenez suffisamment d'espèces et un chéquier pour parer aux imprévus, on n'est jamais trop prudent...

QUAND PARTIR ?

AU PRINTEMPS

Température de l'air : autour de 20°C
Température de la mer : entre 15 et 20°C

Du soleil, le maquis en fleur, des journées qui rallongent et la majeure partie des touristes n'est pas encore arrivée : essayez vraiment de venir à cette saison !

C'est la meilleure saison pour :

- S'enivrer des parfums du maquis et voir la nature exploser de couleurs sur un itinéraire Mare a Mare® (de la mer à la mer), ou Mare è Monti® (mer et montagne). Il ne fait pas encore trop chaud, c'est le moment idéal pour randonner.
- Profiter des charmes de Bonifacio ou Porto-Vecchio sans la foule.
- Jouer à Robinson Crusoé, seul sur le sable (ou presque) des Santa Giulia, Palombaggia et autres Rondinara.

EN ÉTÉ

Température de l'air : 28°C
Température de la mer : 27°C

Il fait beau, il fait chaud, la mer est délicieuse, le rosé frais... mais vous n'allez pas être tout seul et les hébergements seront bien plus chers que le reste de l'année.

MAIS c'est indéniablement le meilleur moment pour :

- **Écrire des souvenirs** indélébiles dans le canyon de Purcaraccia, si fun.
- Faire quelques brasses dans les eaux chaudes de la plage de Roccapina, près de Sartène.
- **Trinquer**, danser, chanter... bref, s'amuser, lors des festivals de l'été, comme Calvi on the Rocks et les Nuits de la guitare à Patrimonio.
- **Plonger** dans le parc naturel marin du Cap Corse, pagayer de crique en crique dans la baie de Pinarello, ou apprendre le surf sur la plage de Grand Capo di Feno .

À vos masque, palmes et tuba !

EN AUTOMNE

Température de l'air et de la mer autour de 20°C

Les foules sont parties, la météo reste très agréable (les pluies ne reprendront sérieusement que fin octobre).

C'est la meilleure saison pour :

- Randonner (comme au printemps). Les sentiers autour des pozzines du lac de Nino ou de la forêt d'Aïtone se parent de couleurs chaudes et chatoyantes, un rêve éveillé.
- Pédaler de Propriano jusqu'au col de Siu, une activité beaucoup plus sympa hors canicule.
- Paresser sur le sable blanc de la plage de l'Ostriconi. Et pour les moins frileux, s'y baigner.
- Oser l'escalade près des aiguilles de Bavella.

EN HIVER

Température de l'air : autour de 15°C. Température de la mer : entre 12 et 15°C

Des touristes aux abonnés absents, des prix très bas...

On adore cette saison parce qu'on peut :

- **S'offrir un very good trip.** Il n'y a presque personne sur les routes, vous pourrez profiter des paysages sans modération, et la recherche d'une place de parking (on pense à Bonifacio) ne deviendra pas un casse-tête, comme en été.
- **Découvrir les montagnes** sous un épais manteau de neige, faire du ski ou de la randonnée en raquettes, par exemple dans le massif du Renoso.
- **Se régaler.** C'est la saison des agrumes. C'est aussi celle du brocciu frais et des charcuteries corses, dont la production est hivernale.

VOYAGER PLUS RESPONSABLE en Corse

Tant qu'à faire, essayons de faire en sorte que l'île de Beauté reste de toute beauté le plus longtemps possible ! Voilà quelques actions concrètes pour limiter votre impact sur place, histoire de profiter au mieux de la nature et s'assurer que les générations futures puissent faire de même.

1 PRENDRE SOIN D'UNE ÎLE

Ça ne vous aura pas échappé : la Corse est une île. Ce qui veut dire qu'encore plus qu'ailleurs, la gestion des ressources est essentielle. On fait donc deux fois plus attention à :

▶ **MANGER LOCAL :** cela évite de devoir importer de la nourriture par bateau, cela valorise l'agriculture locale... et surtout ça serait vraiment dommage de se priver des spécialités corses !

▶ **ÉCONOMISER L'EAU :** la Corse connaît régulièrement des épisodes de sécheresse, donc on reste vigilant sur les douches et le lavage excessif des draps et serviettes à l'hôtel (1 kg de linge = 6 l d'eau)

▶ **RÉDUIRE SES DÉCHETS :** les filières de recyclage ne peuvent pas absorber les déchets générés par tous les visiteurs, ce qui veut dire que les déchets repartent en camion et en bateau sur le continent. Vous savez ce qu'il vous reste à faire... #0déchet

▶ **MOLO SUR LA CLIM :** Le kWh d'électricité en Corse émet cinq fois plus de pollution que sur le continent... Donc dès qu'on peut faire des économies d'énergie, ça compte beaucoup. Par exemple, pas besoin de régler la clim pour qu'il fasse 22 °C dans votre chambre...

2 ÉVITER LES LIEUX SURFRÉQUENTÉS

La Corse est une destination TRÈS populaire. En moyenne, 2 millions de visiteurs viennent chaque été... ce qui pose la question de comment réguler un tel flux...

Une des réponses a été apportée le 2 juin 2022, lorsque l'Assemblée de Corse a voté la mise en

place de quotas annuels sur trois sites surfréquentés de l'île de Beauté : la vallée de la Restonica, les aiguilles de Bavella et les îles Lavezzi. À l'heure où nous écrivons ces lignes, ces quotas (et donc les réservations qui vont avec) ne sont pas encore appliqués, mais c'est pour bientôt...

N'hésitons pas à prendre les devants en s'autorégulant tout seuls comme des grands en essayant au maximum de partir hors saison ou hors... des sentiers battus ! On a à ce sujet pas mal d'idées... qu'on n'a pas hésité à mettre dans ce guide !

3 PRENDRE SOIN DU LITTORAL

On a mesuré : il y a presque 1 000 km de côtes en Corse (pour le nombre de plages, on vous laisse faire le calcul sur place). Il s'agit donc de préserver cet exceptionnel trésor en en prenant soin au maximum. C'est d'ailleurs ce que fait le Conservatoire du littoral corse qui achète des terres et qui est aujourd'hui propriétaire de 25 % des côtes !

CE QUE L'ON PEUT FAIRE... À NOTRE PETIT NIVEAU

▸ PLONGER AVEC UN DES 4 CLUBS SIGNATAIRES DE LA CHARTE DU PLONGEUR RESPONSABLE :

Parmi leurs actions, ils utilisent des produits d'entretien biodégradables respectueux de l'environnement, ils sensibilisent leurs clients au respect de l'environnement, et ils sont impliqués dans le tissu économique local.

- Maeva Plongée : à Porticcio, maeva-plongee.com
- Torra Plongée : à Belvédère-Campomoro, 06 83 58 81 81.
- Porto Vecchio Plongée : portovecchioplongee.fr
- Isula Plongée : à Ajaccio, isula-plongee.com

▸ PRÉSERVER LES FONDS SOUS-MARINS

En plongée, ne ramassez pas le corail rouge, ne nourrissez pas les poissons, et attention où vous mettez vos palmes pour ne pas endommager les éponges et les gorgones qui peuvent ne pas se remettre d'un mauvais coup (de palme), ce serait dommage...

▸ *LEAVE NO TRACE*

Sur la plage (mais ça marche partout en fait), faites très attention à laisser l'endroit aussi propre et nickel que vous l'avez trouvé. Et vous avez même le droit de le rendre encore plus propre en ramassant mégots, emballages et autres déchets qui traînent dans la nature (pensez à vous munir d'un petit sac poubelle pour l'occasion).

4 RESPECTER LE MAQUIS

La rando, en Corse, c'est sacré !
Les possibilités sont infinies, les reliefs spectaculaires, le maquis magnifique, avec toujours (ou presque) une vue fantastique sur la Méditerranée. Cet environnement est d'ailleurs protégé : plus de la moitié de l'île fait partie du parc national régional de Corse !

En venant en Corse, vous allez forcément partir marcher quelques heures, voire quelques jours.
Suivez bien ces consignes simples... mais essentielles :

▸ **RESPECTEZ LES TRACÉS :** les sentiers sont en grande majorité très bien balisés. Bien les suivre, c'est éviter de détruire la flore... et de prendre des risques inutiles. Et au passage, ne détruisez pas les cairns, les tas de cailloux sur le chemin : ils sont là pour vous aider à vous repérer.

▸ **PRÉVENIR LES FEUX :** c'est un sujet trop important. N'allumez pas de feu ou de barbecue dans la nature, ne fumez pas en forêt (et jetez encore moins vos mégots par terre) et respectez les interdictions d'accès dans certains massifs.

▸ **LEAVE NO TRACE :** encore ? Eh oui, ça marche partout !

▸ **PROTÉGER LA FAUNE ET LA FLORE :** il est interdit de ramasser des fleurs, de creuser pour trouver des fossiles ou d'essayer d'attraper des animaux. Vous pouvez en revanche ramasser tous les déchets que vous trouverez pour les amener dans les refuges et photographier tout ce que vous voulez (bravo pour votre cliché de mouflon !)

5 DORMIR DANS DES LIEUX QUI N'EXISTENT QU'EN CORSE

En Corse, il est tout à fait possible de dormir dans des endroits exceptionnels tout en participant à la préservation desdits endroits. La preuve !

▸ **DORMIR DANS UN PHARE :** Coincé entre 2 300 ha de maquis et 20 km de côte méditerranéenne, le refuge du phare de Senetosa vous accueille en chambre, dortoir ou bivouac pour une expérience incroyable !

▶ + **d'infos :** Lieu-dit Morta Spana, commune de Sartène, à l'ouest de Tizzano ; campumoru-senetosa.corsica

▸ **DORMIR DANS LE DÉSERT :** Avoir pour soi (presque) seul l'une des plus belles plages des Agriates ? C'est possible en passant la nuit dans une ancienne cabane de berger de Ghignu. Anciens paillers restaurés et aménagés, vous aurez un toit gratuit ! (voir p. 55)

▸ **DORMIR DANS UNE TOUR GÉNOISE :** C'est un peu de la folie, mais c'est vrai qu'après en avoir croisé 85 sur tout le littoral, l'envie peut vous prendre, même si c'est pas donné.

▶ + **d'infos :** domaine-de-logliastru.com

▸ **DORMIR DANS UNE GROTTE AU MILIEU DU MAQUIS, FACE À LA MER :** Toilettes sèches et douche solaire, terrasse à l'ombre des genévriers, possibilité de petit déjeuner.

▶ + **d'infos :** closdumouflon.fr/nuits-insolites-1

ÇA PART EN COOK !

CHARCUTERIE

La cuisine corse, ce sont des plats réconfortants, dont les recettes se transmettent de génération en génération, et font l'éloge des (très) bons produits. Parmi ces belles matières premières, la charcuterie, évidemment. Trois spécialités peuvent être vendues sous AOC (appellation d'origine contrôlée) : la coppa (échine de porc), le prisuttu (jambon sec) et le lonzu (filet de porc séché et fumé). L'AOC, un gage de qualité, et l'assurance de ne pas avoir un produit importé.

Le saucisson d'âne corse

Les saucissons « d'âne corse » sont en fait fabriqués avec de la viande importée, souvent d'Italie. La petite population d'ânes vivant sur l'île ne finit plus en saucisson.

Fiadone corse au brocciu et citron

Le brocciu ? C'est le fromage star de la Corse, on vous l'explique un peu plus loin. On le retrouve dans le fiadone, un flan parfumé aux agrumes. Avant de poser le pied sur l'île, faites voyager vos papilles en reproduisant le « fiadone corse au brocciu et citron » du site **www.hervecuisine.com**. Simple mais absolument savoureux.

AU MENU

BASTELLE : chaussons farcis au brocciu et/ou aux blettes

TRIPETTES À LA BASTIAISE : préparées avec du vin blanc et des herbes du maquis

STUFATU DI CIGNALE : veau préparé avec du vin rouge, du prisuttu, des olives vertes, des aromates

MIGLIACCI : pancakes garnis de fromage frais de brebis ou de chèvre

AZIMINU : soupe à base de poissons de roche

STORZAPRETTI : boulettes de pomme de terre et de blettes hachées au brocciu.

FIGATELLU : saucisse généralement rôtie à base de foie de porc, et généralement accompagnée de polenta à la châtaigne

CANISTRELLI : biscuits secs et croustillants aux amandes

CHÂTAIGNE

En plus d'utiliser ses feuilles pour envelopper des fromages frais, la châtaigne, transformée en farine, est utilisée de diverse façon : en confiture, dans les gâteaux, en polenta, et même dans la bière ! En 2006, la farine de châtaigne a obtenu le label de qualité AOC et détient depuis 2010 l'AOP « Farine de châtaigne corse – Farina Castagnina Corsa ». Et attention, hein : n'allez pas confondre châtaignes et marrons ! (voir p. 103)

UNE PETITE MOUSSE ?

La Pietra, une bière ambrée qui se couvre d'une fine mousse délicate, est présente dans toute la Corse. Elle représente dignement les traditions de l'île de Beauté puisqu'elle est brassée sur place, à Furiani, et avec un ingrédient typique de l'île, la farine de de châtaigne !

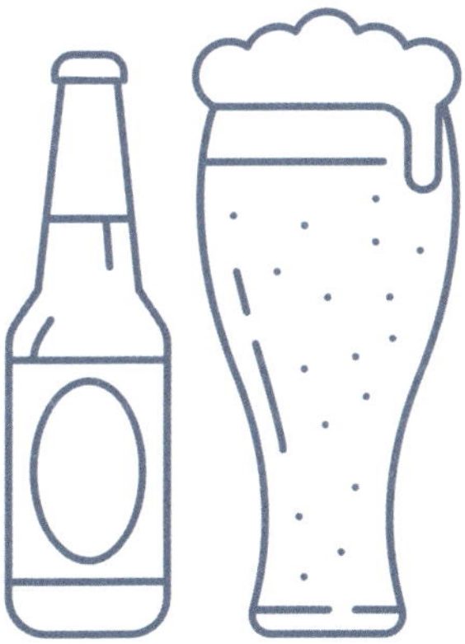

FROMAGES CORSES

Il serait indécent de venir en Corse sans goûter aux fromages (sauf si vous êtes vegans bien sûr !). À base de lait de brebis ou de chèvre, ces partenaires idéaux de la charcuterie sont SA-VOU-REUX. Un incontournable : le brocciu, un fromage à pâte fraîche assez délicat, qui peut sublimer des plats salés comme sucrés.

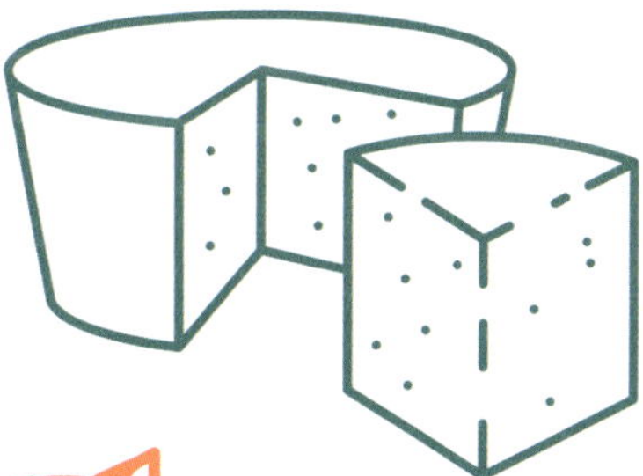

Y a pas de pépin

La clémentine corse est la seule et unique clémentine française qui se distingue par son IGP (indication géographique protégée) obtenue en 2007. C'est le terroir corse, entre terre et mer, et la localisation en altitude des vergers qui offrent cette robe unique et ce goût acidulé… le tout sans pépin !

PETAOUCHNOK

QUI SOMMES-NOUS ?

1993

On se rencontre en classe de 4e, Antoine bat Raphaël aux élections des délégués... C'est là que tout commence !

1998

On part faire le tour d'Europe en train avec un pass Interrail et l'option « dormir dans les trains pour éviter de payer des nuits d'hôtel ». On adore, on veut repartir, mais où ?

2001

Premier voyage en Asie : Laos, Cambodge et Vietnam. Moto dans les rizières, jungle, temples et première panne de bus en pleine mousson. On commence sérieusement à penser à un voyage au long cours.

2003

On réalise enfin notre rêve : un an sac au dos autour du monde ! À notre retour on met en ligne notre film *Tour du monde* qui connaît, contre toute attente, un petit succès sur Internet. Ça nous donne plein d'idées...

Vous avez entre les mains la **seconde édition du guide Petaouchnok Corse**. On a pris en compte vos retours sur la première édition, vérifié toutes les adresses et ajouté quelques expériences pour rendre votre voyage encore plus extraordinaire ! On reste évidemment curieux de vos retours, impressions et commentaires.

Si vous avez le temps de nous dire ça par mail : **guide@petaouchnok.com**

Raphaël de Casabianca

Antoine Delaplace

2009

On plaque nos métiers respectifs pour partir en Inde et réaliser « Drôle de trip », une émission de voyage un peu barrée diffusée sur France Télévisions.

2012

Antoine travaille dans une agence de communication et Raphaël présente « Échappées belles » sur France 5 et « Rendez-vous en terre inconnue » sur France 2.

2019

L'envie de repartir ensemble vers de nouvelles aventures reste intacte ! Et après la 128e soirée tennis-pizza, on décide de créer un média engagé pour parler du voyage avec passion, optimisme et bonne humeur. **PETAOUCHNOK** est né !

2020

Lancement du compte Instagram en plein confinement (timing parfait pour parler voyages...).

2023

Après deux beaux livres, on lance les premiers titres de notre collection de guides de voyage.

AUJOURD'HUI

Une incroyable communauté **sur Instagram**, une collection de guides qui donne envie de voyager et même un carnet de voyage : on n'a pas fini de parler de voyages responsables et inattendus !

DERRIÈRE CE LIVRE 1000 PERSONNES IMPLIQUÉES environ

MERCI À

Stéphanie Paicheler
Cette journaliste niçoise n'avait que peu de trajet à parcourir pour rejoindre la Corse. Ce fut chose faite pour la première fois en 1998, lors d'un road trip, et, depuis, la passion pour cette île au trésor ne l'a jamais quittée. Stéphanie partage ses bons plans dans le Sud, ses villages de caractère, ses routes enchanteresses et bien sûr ses plages, qui, ici, se conjuguent toujours au plus-que-parfait.

Serge Bathendier
Grand bourlingueur aux quatre coins du monde, Serge Bathendier est tombé un jour nez à nez avec la Corse. Depuis, il y revient dès qu'il peut pour s'imprégner des parfums du maquis. Pour ce guide, il a contribué aux chapitres de ses régions de prédilection : Bastia, le Cap Corse et le cœur de l'île.

Serge Guillot
Auteur de guides de voyage et professeur de géopolitique, Serge Guillot est originaire de Nice, pile-poil située face à l'île de Beauté et forte d'une importante communauté insulaire. Il a découvert la Corse dès sa plus tendre enfance et se rend régulièrement en Balagne et sur la côte ouest : Ajaccio lui rappelle sa ville natale et il se sent un peu chez lui au milieu des habitants (leur secret : ils ont su garder leur âme montagnarde).

TEAM HACHETTE

Cécile Petiau : si vous voulez voir à quoi ressemblent une organisation parfaite et des projets fluides, allez faire un tour dans son cerveau : impressionnant.

Liza Sacco : la légende racontait qu'il fallait 11 semaines pour imprimer un guide et le distribuer en librairie. Puis Liza est arrivée. Désormais, c'est 5 semaines.

Sidonie Chollet : quand la boss d'Hachette Tourisme se met à rentrer des adresses sur Google Maps, c'est peut-être un détail pour vous, mais pour nous, ça veut dire beaucoup ! #collectif

TEAM MAOGANI

Véronique Joffroy
La pièce maîtresse de notre dispositif, l'atout talent et bonne humeur. S'il y a un esprit Petaouchnok, il y a aussi un style. C'est signé Véro.

Margot Chanchus
C'est la copilote dans l'avion du design ! Reine des cartes et des illustrations, elle sait donner du peps et du relief à une maquette. Un atout de plus dans la team Maogani.

TEAM PETAOUCHNOK

Victor David : le garant de l'esprit Petaouchnok quand tout part à hue et à dia. Eh oui, cette expression existe !

Pierre-Antoine Chevalier : on le connaissait maître ès luge et train de nuit avec des palmes. Le voilà expert en adresses et phrases d'accroche.

Colin Borel : graphiste, motion designer, musicien et drômois d'origine. Beaucoup trop de qualités pour un seul homme !

TAO

Toujours là, toujours inutile. Un chat, quoi.

Crédits PHOTOS COPYRIGHT

COUVERTURE

Plat 1, Schroptschop/Gettyimages ; Plat 4 : haut gauche : Andrew Mayovskyy/shutterstock ; haut droite : beboy/shutterstock.

ADOBE STOCK : Maleo Photography p. 116 ; ahornfoto p. 148 ; Alexandre Rosa p. 163h ; Andrew Mayovskyy p. 196 Anna Dufour p. 169h ; bolga2b p. 98h ; Christiane p. 91b ; Eva Bocek p. 103 ; fottoo p. 153 ; frantisek hojdysz p. 41b Frog 974 p. 160b ; Gamut p. 162h, p. 183h ; Gerald Villena p. 182h ; Géraldine Revillard p. 80b ; goyoconde p. 149b iSTintu p. 151h ; Jon Ingall p. 93h ; kasto p. 193b ; Maleo Photography p. 114b ; mattei p. 56 ; maudanros p. 199b pixomatose p. 41h ; pongpinun p. 131h ; ptashkan p. 164h ; ronnybas p. 181 ; searagen p. 161b ; Uwalthie Pic Projec p. 47b.

AGE FOTOSTOCK : Martina Katz/imageBROKER p. 165b.

ALAMY : aerial-photos.com p. 86 ; Boisvieux Christophe p. 73b, p. 115b ; Ciscardi Gabriel p. 173h ; David Notor Photography p. 27c ; DeGe Photo p. 176 ; Delimont Danita p. 113h ; Gonzales Photo p. 69b ; Ian Dagnall Commercia Collection p. 186 ; Invictus SARL p. 175b ; Jon Ingall p. 150 ; Kasia Nowak p. 109b ; Mauritius Images GmbH p. 78 Naeblys p. 53 ; reisegraf.ch p. 119h ; Sérgio Nogueira p. 141h ; Souter Antony p. 54 ; Stampfl Adriana p. 59b.

CREATIVE COMMONS : INRA, Jean Weber p. 49h.

GETTY IMAGES : Franz Aberham p. 194b ; Hans Henning Wenk p. 121h ; John Elk III p. 72h, p. 101, p. 156 ; Leprêtre Pierre p. 190, p. 192, p. 205 ; Marc Dozier p. 49b ; Marius Roman p. 36, p. 42h ; Pascal Boegli p. 110b, p. 178 ; Westend6 p. 9cd, p. 27h, p. 140, p. 215h.

HEMIS : Antoni Georges p. 91h ; Brusini Aurélien p. 93b, p. 97b, p. 145b, p. 149h, p. 154 ; Cavalier Michel p. 30, p. 31 p. 122, p. 144 ; Chaput Franck p. 29 ; Gardel Bertrand p. 175h ; Guiziou Franck p. 28h, p. 142b, p. 162b, p. 166, p. 169c Hagenmuller Jean-François p. 13, p. 180h ; Lansard Gilles p. 9h, p. 167b, p. 170, p. 185 ; Lemaire Stéphane p. 217 Moirenc Camille p. 90, p. 100, p. 125, p. 146, p. 147b, p. 172, p. 177b ; Montico Lionel p. 55h, p. 96, p. 133, p. 160h ; Riege Bertrand p. 163b, p. 168, p. 191b ; Segura Sabine p. 147h ; Suetone Emilio p. 24b ; Tardy Hervé p. 124 ; Vuano Tristar p. 197b ; Westend 61 p. 180b.

PHOTOGRAPHES : @lilibarbery p. 43h ; audricproduction p. 18, p. 22, p. 23 ; Bestjobers p. 14 ; Canyon Corte/Altipian p. 126b, p. 127 ; Clos Teddi p. 52 ; École de parachutisme du Valinco p. 173b ; Guillaume Dubois p. 139b ; matt_stee p. 16 ; melissa.glmn p. 19 ; Raphaël de Casabianca p. 220 ; SAS Mad Monkeys Consulting p. 43b.

SHUTTERSTOCK : 3d_and_photo p. 126h ; Alexandre G. Rosa p. 55b ; Allard Schager p. 209 ; Andrew Mayovskyy p. 95, p. 138, p. 202, p. 208 ; Angelo Giampiccolo p. 200c ; beboy p. 8, p. 94, p. 161h, p. 211 ; Begir p. 61b ; Benslimar Hassan p. 58, p. 109h, p. 117b, p. 117h, p. 129h ; cazards p. 57b ; Dominik Michalek p. 5b, p. 104 ; Eric Valenne Geostory p. 164b, p. 182b ; essevu p. 97h ; Eva Bocek p. 40 ; Evannovostro p. 4, p. 194h ; FaRifo p. 214 ; FooTToo p. 44h Giovanni Rinaldi p. 10 ; Gorodenkoff p. 44b ; Iacomino FRiMAGES p. 12, p. 43c ; J_M_Air p. 17, p. 92 ; Jesus Noguera Photography p. 9bg, p. 119b ; Jon Ingall p. 2, p. 5h, p. 20, p. 24h, p. 26, p. 41c, p. 51h, p. 57h, p. 64, p. 68, p. 70b, p. 70h p. 71, p. 72b, p. 73h, p. 74, p. 75, p. 76, p. 77, p. 79, p. 80h, p. 82, p. 98b, p. 99, p. 110h, p. 113b, p. 120h, p. 121b, p. 131b p. 213b, p. 216 ; JPC-Prod p. 81, p. 85b, p. 109c ; Kemal Taner p. 143 ; kennyc p. 179h ; LGieger p. 123h ; lightpoet p. 42b ; Mado Ziruddu p. 51b ; Maleo Photography p. 59h, p. 129b, p. 139h, p. 177h ; MariePaule p. 210 ; Martina Misar-Tummeltshammer p. 115h ; Matteo Gabrieli p. 191h ; Mor65_Mauro Piccardi p. 112 ; Naeblys p. 46h, p. 46b, p. 47h p. 48, p. 204, p. 213h ; Natalia Schuchardt p. 111h ; nexpo p. 28b ; nturn p. 151b ; Olesya Kuznetsova p. 108, p. 142h Olga Bombologna p. 171h ; Ondrej Zeleznik p. 174 ; Ophélie Delmarle p. 123b ; Pawel Kazmierczak p. 21, p. 85h p. 198 ; Photoprofi30 p. 38 ; pio3 p. 111b, p. 114h, p. 118 ; RebekahS p. 179b ; Roberto Politi p. 175c ; Rolf E. Staerk p. 15 p. 50, p. 206 ; Rvillalon p. 62 ; salva.tours p. 201 ; Samuel Borges Photography p. 193h, p. 195 ; sanddebeauthei p. 45 ; Sasha64f p. 120b ; sebastien hovaguimian p. 145h ; Sergiy Palamarchuk p. 165h ; Steklo p. 215b ; Sushaaa p. 171b ; The World Traveller p. 167h ; Tollin Nicolas p. 212 ; U. Eisenlohr p. 169b ; Vadym Lavra p. 134 ; Ventura p. 199h, p. 200b ; William.Vaccaro p. 69h ; Yasemin Yurtman Candemir p. 132, p. 141b.

SIME : Manfred Bortoli p. 197h.

Expression libre

Qui fait QUOI ?

AUTEURS

Raphaël de Casabianca et Antoine Delaplace / ©Petaouchnok

CONTRIBUTEURS

Stéphanie Paicheler, Serge Bathendier et Serge Guillot

CONCEPTION GRAPHIQUE

Couverture et maquette : **Maogani**

HACHETTE TOURISME

Direction générale : **Catherine Saunier-Talec**
Direction opérationnelle : **Sidonie Chollet**
Direction éditoriale : **Cécile Petiau**
Édition : **Anne Cauvel de Beauvillé et Julie Dupré**
Cartographie : **Frédéric Clémençon & Aurélie Huot**
Fabrication : **Liza Sacco**
Contact presse : **Rachida Mazef** – rmazef@hachette-livre.fr
Contact publicité et partenariats : partenariat-tourisme@hachette-livre.fr
Droits internationaux : **Janice Yip** - jyip@hachette-livre.fr

L'éditeur adresse un grand MERCI aux équipes d'Hachette Livre :
Éditeurs, cartographes, fabricante, marketing, presse, commerciale, contrôle de gestion et distribution… pour leur mobilisation exceptionnelle, leur aide indispensable et leur super esprit d'équipe, ainsi qu'à l'équipe Maogani pour sa créativité, son engagement et sa souplesse.

Aussi soigneusement qu'il ait été établi, ce guide n'est pas à l'abri des changements de dernière heure, des erreurs et omissions qui ne sauraient engager la responsabilité de l'éditeur. Ne manquez pas de nous faire part de vos remarques. Informez-nous aussi de vos découvertes personnelles, nous accordons la plus grande importance au courrier de nos lecteurs : hachette-tourisme@hachette-livre.fr.

Édité par Hachette Livre (58, rue Jean-Bleuzen, CS 70007, 92178 Vanves Cedex)
Imprimé par Graficas Estella (Espagne) - Achevé d'imprimer : avril 2025
Codification : 55-2000-0 - ISBN : 978-2-01-731502-5 - Dépôt légal mai 2025

PAPIER À BASE DE FIBRES CERTIFIÉES

hachette s'engage pour l'environnement en réduisant l'empreinte carbone de ses livres. Celle de cet exemplaire est de : 1,100 kg éq. CO_2
Rendez-vous sur www.hachette-durable.fr

Expression LIBRE

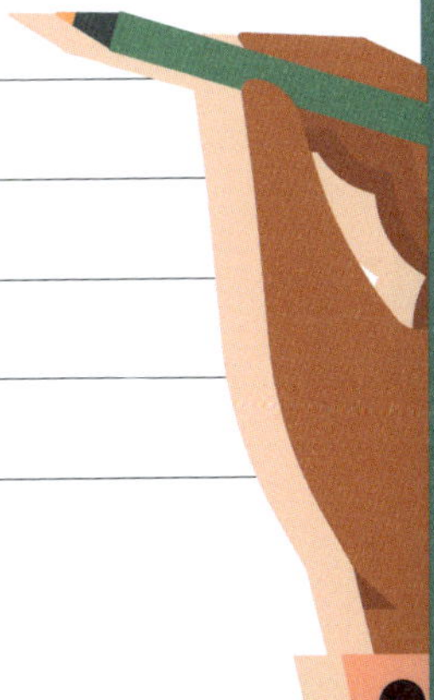

Expression LIBRE

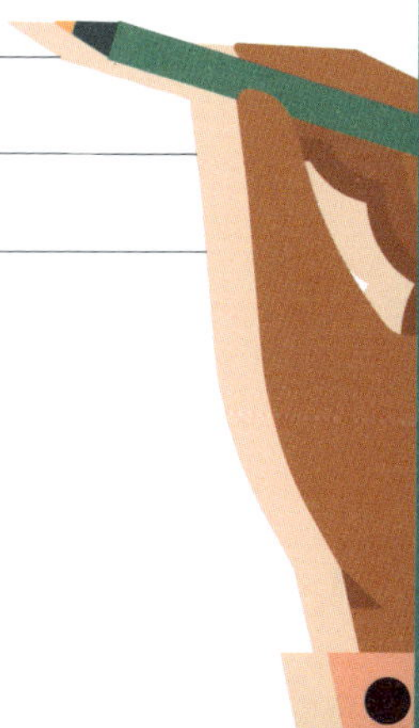

Expression LIBRE

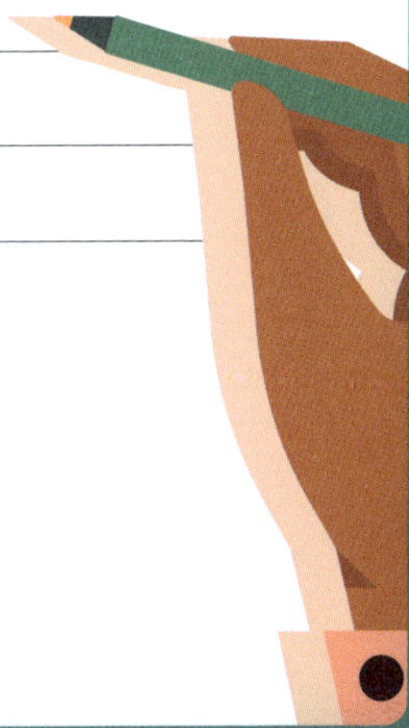

L'INDEX

sans pouce

A

Agriates, désert des 4, 54-57
Aïtone, forêt d' 93, 97
Ajaccio 25, 28, 134-138, 140, 142-145, 148-149, 152-154
Alando 130
Albertacce 127, 133
Aléria 59
Alga, plage de 74
Algajola 75
Aliso, anse 23
Anglais, cascades des 114
Appietto 153
Argent, plage d' 176
Asco, vallée de l' 111, 118-119, 130-131

B

Balagne, la 64-67, 72-79
Barcaggio, plage de 43, 47
Barrettali 49
Bastelica 28-29, 139, 152
Bastia 18, 24, 26, 36-40, 44-45, 60-63
Bavella, aiguilles de 160, 179, 180
Becu, grottes de 200
Belgodère 71, 81, 83
Belvédère-Campomoro 175, 182
Bocca di Battaglia 72
Bodri, plage de 78
Bonifacio 27, 73, 186-190, 194-195, 203
Bonifato, forêt de 73
Bozio 109, 124-125
Brando 43
Burgo 31

C

Calcatoggio 152
Calenzana 26-27, 72
Calvi 24-25, 69, 77, 82-83
Calvi, plage de 79
Canari 49
Canetto, plage de 197
Capo Rosso 95
Carbini 161
Cargèse 139, 152
Cartalavonu 30
Casaglione 154
Caspio, plage de 95
Castagniccia, la 116
Castirla 132
Cateri 83
Cauria 169
Cavu, piscines naturelles de 193
Centuri 62
Cervione 58
Coggia 147
Cognocoli-Monticchi 183
Conca 179
Corbara 82
Corrano 174
Corse, Cap 48-49
Corte 27, 104-108, 112-113, 121, 123, 124, 127, 130-132
Coscione, plateau du 161, 178
Creno, lac de 150
Cucuruzzu 169

D

Diane, l'étang de 59

E

Erbalunga **42**, 62
Ersa 60
Évisa 97

F

Fango, vallée du 93, 98-99
Fazzio, plage du 197
Feliceto 81
Figari 25, 196, 202, 205
Filitosa 161, 167-168
Fozzano 161

G

Galéria 91, 98, 100-102
Ghignu, plage de 57
Ghisoni 131
Ghjorghju, plage de 79
Ghjunchitu, plage de 75, 78
Girolata 91, 94,
Giussani, région du 82
Gradelle, plage de 95
Grand Capo di Feno, plage de 151
Grosseto-Prugna 153
Guitera-les-Bains 182

I

Île-Rousse, l' 76, 83
Inzecca, défilé de l' 29

L

Lama 68, 72, 77
Lavezzi, îles 191, 200-201
Lecci 203
Levie 30-31, 161, 166, 173, 183-184
Lieu-dit La Trinité 202
Lieu-dit Ricetti 202
Lodu, plage de 56, 61
Loreto-di-Casinca 109, 122-123
Lumio 75, 80

M

Macinaggio 46, 61
Malfacu, plage de 57
Manganellu, piscines du 115
Mare e sole, plage de 151
Marinella, plage de 151
Melo, lac de - 120
Moltifao - 123
Monte - 123
Monte Cinto 109, 121
Monte Senino 95
Morosaglia 116
Morsiglia 62
Muna 145
Murato 41, 61

N

Nino, lac de 14, 133

Les numéros en orange renvoient aux pages de nos Super adresses **et** FAQ.

Niolo 120, 128-129
Nonza 22, 42, 48-49, 60

O

Occhiatana 70, 81, 83
Olmeta-du-Cap 60
Osani 100
Ostriconi, plage l' 21, 57, 69
Ota 101

P

Paliri 179
Palombaggia, plage de 198
Patrimonio 24, 52-53, 63
Petit Sperone, plage du 192
Petreto-Bicchisano 175
Piana 100-101
Piana, calanques de 17, 92
Piantarella, plage de 197, 204
Piedicroce 116, 131
Pietralba 83
Pietroso 59
Pigna 73, 83
Pioggiola 70, 83
Poggio-Marinaccio 130
Porto 27, 86-89, 102
Porto Novo, plage de 197
Porto-Vecchio 30, 191, 198-199, 202-204
Propriano 173, 180, 182-183
Prunelli-di-Fiumorbo 29, 132
Prunete 59
Pulischellu, canyon du 163
Punta Liatoghju 76
Purcaraccia, canyon de 13, 180

Q

Quenza 167

R

Restonica, vallée de la 110, 113, 115
Roccapina, plage de 25, 162
Rogliano 49, 60
Rondinara, plage de 196, 202

S

Sagone 141, 147, 152-153
Saint-Florent 26, 41, 43, 50-51, 60-63
Sainte-Lucie-de-Tallano 31, 161, 167, 170
Sainte-Restitude, plage de 79
Saleccia, parc de 75
Saleccia, plage de 56
San Michele 19, 128
Sant'Antonino 73
Santa Maria 47
Santa-Giulia, plage de 196
Santa-Lucia-di-Mercurio 125
Santa-Reparata-di-Balagna 83
Sari-d'Orcino 147, 153
Sartène 25, 156-160, 164-165, 171, 175, 182-184
Scala Di Santa Regina 110, 129
Scandola, réserve naturelle de 90, 94
Sentier des douaniers, le 46-47, 145
Serra-di-Ferro 183-184
Serra-di-Scopamène 31
Sisco 48-49
Solenzara, plage de 177
Sollacaro 184
Sotta 202-203
Soveria 15
Spano, pointe de 74
Speloncato 72
Spelunca, gorges de 96

T

Tamarone, plage de 46
Tartagine, forêt de 73
Tavignano, vallée du 115
Tivella, plage de 176
Tizzano, plage de 172
Tolla, lac de 150
Tralonca 130
Trave, plage de 57

U

Urbino, étang de 29

V

Vecchio, vallée du 111, 114, 126, 133
Verghellu, vallée du 126
Vico 140, 146, 152
Ville-di-Paraso 81

Z

Zévaco 171
Zicavo 27
Zonza 161, 171, 182
Zoza, piscines naturelles de 177